AFFAIRE LESURQUES

RÉQUISITOIRE

DE

M. LE PROCUREUR GÉNÉRAL DELANGLE

AUDIENCE DU 11 DÉCEMBRE 1868

PARIS

IMPRIMERIE GÉNÉRALE DE CH. LAHURE

RUE DE FLEURUS, 9

1869

AFFAIRE LESURQUES.

RÉQUISITOIRE

DE

M. LE PROCUREUR GÉNÉRAL DELANGLE

AUDIENCE DU 11 DÉCEMBRE 1868

Messieurs,

Il y a soixante-douze ans, après de longs et solennels débats devant le Tribunal criminel de la Seine, la plus terrible des peines était prononcée contre Joseph Lesurques, déclaré coupable d'assassinat et de vol sur la personne du courrier de Lyon. Ce dénouement n'était-il qu'une expiation légitime d'un crime dont l'atrocité, malgré le désordre et la malignité des temps, avait rempli les cœurs d'épouvante et d'horreur, ou n'était-ce, hélas! qu'une de ces lamentables méprises qui échappent à la faiblesse humaine, et qu'il faut pleurer comme un malheur public? En entendant sa condamnation, Lesurques protesta de son innocence, et, sur l'échafaud où sa vie s'éteignit, il exprima l'espoir que l'erreur dont il mourait victime serait un jour reconnue et que sa mémoire serait vengée.

C'était un testament, dont il confiait l'exécution à sa famille désolée ; elle s'y est consacrée sans trêve ni partage. Rien, il faut le dire à sa louange, n'a lassé son dévouement et ébranlé sa foi : ni l'inutilité de ses efforts en face d'une législation inflexible, ni le temps qui détruit jusqu'aux plus chers souvenirs, ni la misère dont l'effet habituel est de dégrader l'âme et de la détourner de ses devoirs les plus saints. Pendant trois quarts de siècle elle a supporté toutes les angoisses de l'attente avec une inébranlable constance.

Aujourd'hui, la loi qui refusait des juges à l'ombre du condamné est modifiée ; l'action de la famille Lesurques ne rencontre plus d'obstacle. Elle est à la barre, évoquant le passé et demandant au nom de l'équité, de l'humanité, du droit, la réhabilitation du nom qui est son patrimoine.

Envisagé dans son ensemble, ce procès embrasse les questions qui touchent de plus près au bon ordre et à la stabilité des empires : la sécurité des citoyens, l'honneur des familles, l'inviolabilité de la chose jugée, le respect de l'organisation judiciaire du pays. De plus grands intérêts ne peuvent être offerts à vos méditations.

Au point de vue juridique, le cercle se restreint ; l'intérêt privé ne se heurte-t-il point dans l'occasion à l'intérêt public ? Les austérités de la règle se concilient-elles avec les inspirations de l'humanité ? La loi, la loi qui, par essence, est sans intérêt et sans passion, peut-elle se prêter aux désirs et aux espérances d'une famille malheureuse assurément, mais trop disposée peut-être à prendre ses longues souffrances pour un droit ? Tel est le problème que je viens étudier avec vous, messieurs, sans préoccupation du bruit qui, depuis si longtemps, se fait autour de cette affaire, ni des préventions dans lesquelles on s'est efforcé d'envelopper l'opinion ; sans souci non plus des appels adressés avec tant de hauteur à la conscience de la Cour par des écrivains qui ont trop facilement oublié que l'indépendance et la dignité de la magistrature sont sa principale force, et qu'en commandant de la respecter, le législateur veille moins à l'intérêt du juge qu'à l'intérêt public. Quand donc la justice, chez nous, a-t-elle eu besoin d'excitation pour faire son devoir ? quand a-t-il été nécessaire, quand a-t-il été permis, surtout, de dicter par avance aux magistrats l'usage qu'ils auraient à faire du pouvoir remis dans leurs mains ?

Plus le débat est grave d'ailleurs et plus la solution doit avoir de retentissement, plus il convient de ne point s'égarer dans des abstractions au fond desquelles on ne peut trouver que l'équivoque. C'est en conservant à la discussion son caractère juridique, c'est en l'enfermant dans les limites que la main même du législateur a posées, qu'il en surgira une décision digne de vous, image et complément de la loi dont vous êtes les fidèles gardiens.

§ 1.

Je ne reviens pas sur l'ensemble des faits ; il n'y aurait aucun intérêt à reprendre un à un tous ces longs détails si complétement d'ailleurs et si exactement exposés dans le rapport. Je me bornerai à remettre en lumière les circonstances et les actes ayant un trait plus ou moins direct à la question de révision.

Je rappelle donc qu'au mois de thermidor an IV, six accusés : Couriol, Lesurques, Bernard, Richard, Bruer et Guesnot, étaient traduits devant le Tribunal criminel de la Seine, comme coupables d'avoir, à des degrés différents, participé à l'assassinat du courrier de Lyon et du postillon qui conduisait la malle, et de s'être emparés violemment des valeurs qu'elle transportait. Les quatre premiers furent condamnés, Couriol, Lesurques et Bernard à la peine de mort, Richard à vingt-quatre ans de fers; Bruer et Guesnot furent acquittés.

Ce jugement était-il justifié par les faits, conforme au sentiment public, conforme aux règles de l'éternelle justice? Dès 1796 et depuis, les défenseurs de la famille Lesurques ont dit et répété sous toutes les formes que le procès n'avait pas été conduit avec le calme et la modération que commandait sa gravité exceptionnelle ; que le président du Tribunal, comprenant mal les devoirs que lui imposait sa fonction, s'était montré partial et passionné contre Lesurques ; qu'il n'avait pas respecté la liberté de la défense; qu'il avait exercé sur les jurés une injuste pression ; que ceux-ci, mal préparés d'ailleurs par leur éducation au ministère qu'ils avaient à remplir, n'avaient qu'une préoccupation, de rendre la sécurité aux routes infectées par les malfaiteurs en frappant, à tout hasard, un coup retentissant et terrible.

Bien que ce langage ne se soit pas reproduit devant la Cour, c'est un devoir pour le ministère public d'examiner ce que valent des affirmations si longtemps et si obstinément répétées.

Comment, sans y regarder de près, admettre qu'un jugement qui a prononcé une condamnation capitale a été une œuvre de prévarication ? que, contre toutes les notions de la morale et de l'humanité, un malheureux accusé n'a trouvé qu'un ennemi dans son juge et qu'il a été, de parti pris, immolé à la nécessité des circonstances ?

Si, après avoir été, pendant soixante-douze ans, réputé l'image de la vérité, le jugement de l'an IV doit être anéanti comme entaché d'erreur, au moins est-il bon de montrer que, restitué dans ses éléments primitifs, il n'offensait point les règles d'après lesquelles, en matière criminelle, se forme la conviction humaine.

Le président du Tribunal, M. Gohier, n'était pas un de ces magistrats improvisés par la Révolution de 93, qui ne pouvaient apporter sur les siéges dont on récompensait leur patriotisme ni science, ni expérience, ni modération. Esprit libéral, distingué, M. Gohier avait tenu le premier rang dans le barreau de Rennes, et, lorsqu'après 1789, le Parlement fut supprimé, il reçut un poste éminent dans la Cour supérieure, destinée provisoirement à remplacer la juridiction abolie. Successivement ministre de la justice, président du Tribunal criminel, président du Tribunal de cassation, membre du Directoire exécutif, M. Gohier avait fait partie de l'Assemblée législative, et c'est là que, revendiquant pour le pouvoir exécutif le droit de sanctionner les décrets relatifs à l'organisation de la Haute Cour nationale, il prononçait ces paroles que je crois utile de citer :

« Qui oserait soutenir que le Corps législatif, accusateur-né des crimes d'Etat, doit avoir le droit de tracer arbitrairement à la Haute-Cour nationale les règles d'après lesquelles les accusés seront con-vaincus? Il doit être, au contraire, plus circon-spect en cette circonstance qu'en toute autre : on est frappé de la crainte de laisser échapper des criminels au glaive de la loi; on n'est pas saisi d'un autre danger bien plus grave : celui de sacrifier l'innocence aux préventions de la vertu même... »

Est-il téméraire d'affirmer qu'un jurisconsulte animé de semblables sentiments et qui savait les exprimer de la sorte offrait toutes les garanties que pouvait réclamer la direction d'un débat cri-minel? Mais ce qui, mieux encore que les souve-nirs honorables de la carrière de Gohier, répond à l'inculpation dont il a été l'objet, c'est l'étude attentive des dossiers où sont enfouis les éléments du procès. Il en résulte que trois jours et trois nuits ont été consacrés à l'affaire, que quatre-vingts témoins à décharge ont été entendus, que la liberté de la défense s'est exercée dans toute sa plénitude, que toutes les garanties réclamées par l'équité, le droit, l'humanité, l'honnêteté publi-que ont été assurées aux accusés.

Et quant aux jurés, quel fait pourrait mieux té-moigner de leur sagacité et de leur impartialité que le verdict qu'ils ont rendu? Sur les six ac-cusés, deux ont été acquittés en dépit des témoi-gnages qui les inculpaient; et aujourd'hui, abs-traction faite pour un moment de ce qui concerne Lesurques, il n'est ni contestable, ni contesté que Couriol, Bernard et Richard étaient coupables dans la mesure faite à chacun d'eux, car chacun d'eux a sanctionné de son aveu la déclaration du jury.

Quant à Lesurques, dont la position originaire avait avec celle de Bruer et de Guesnot une grande analogie, pourquoi n'a-t-il point partagé leur sort? Faut-il croire qu'en réalité le coup qui l'a frappé n'a d'autre explication que celle donnée par les défenseurs de la famille Lesurques? N'y a-t-il pas d'autres et meilleures raisons?

Dix témoins, soit dans l'instruction, soit à l'audience, déclarent sans hésitation et avec une fermeté qui ne se dément pas que, le 8 floréal an IV, ils ont vu Lesurques à Mongeron et à Lieursaint, dans le groupe des cavaliers qui se dirigeaient de Paris vers Melun, et la moralité de ces témoins n'était attaquée par personne.

Il y a sans doute à se défier des témoignages d'identité quand ils s'appliquent à des personnes qu'on n'a vues qu'en passant. On croit avoir vu, on l'affirme de la meilleure foi du monde, et cependant on est abusé par ses souvenirs. Prendre pour base d'une condamnation capitale des témoignages de ce genre, c'est courir le danger de se tromper. Et c'est là ce qui, dans l'esprit des jurés ds l'an IV, avait sauvé Bruer et Guesnot.

Mais la position de Lesurques n'était pas aussi simple.

Un éperon avait été trouvé sur le lieu où s'était accompli l'assassinat. Cet éperon était brisé et rattaché avec du fil. Or un des témoins déclarait que ce fil avait été remis par lui-même au cavalier qui l'avait employé et que ce cavalier était Lesurques. On comprend sans peine que si ce témoignage est sincère, il a des conséquences décisives. Comment admettre que l'éperon a pu être ramassé sur le champ de bataille si le cavalier qui le portait n'y jouait un rôle ? Nous verrons plus tard par quelles explications cette charge a été combattue.

Second incident : Lesurques est interrogé sur l'emploi qu'il a fait de son temps le 8 floréal an IV. Êtes-vous resté à Paris? Avez-vous vu quelque fonctionnaire public? Y avez-vous fait quelque opération? Lesurques répond qu'il ne se souvient de rien. Deux jours s'écoulent ; ses souvenirs se précisent. Il affirme que le 8 au matin, à neuf heures, il est allé chez un bijoutier du Palais-Royal, M. Legrand, où il a acheté une pièce d'argenterie ; qu'il est sorti à deux heures ; que le soir il est allé chez une jeune fille nommée Clotilde Dargence.

Si ces faits sont établis, le procès n'a plus de cause. Il est clair que, par un fatal hasard, Lesurques a été confondu avec un des assassins ; il est impossible, en effet, qu'on l'ait vu sur les deux heures à Lieursaint.

Mais ces assertions sont-elles vraies? Au débat, l'orfévre est appelé : on lui demande s'il a un livre de vente, et, sur sa réponse affirmative, on l'envoie chercher. L'opération indiquée par Lesurques y est en effet inscrite sous la date du 8 floréal ; mais, au premier aspect, le président s'aperçoit qu'une surcharge a été pratiquée ; que la vente était portée à la date du 9, et qu'à cette date on a substitué celle du 8. Comment cela s'est-il fait ? Legrand est interpellé : Il y a là un faux évident ; expliquez-vous ! Legrand balbutie. Son arrestation est ordonnée, et le livre, sur les réquisitions du ministère public, est déposé sur le bureau. On instruit.

Ecoutez les déclarations de Legrand. Ce sont des détails que vous ne connaissez point.

Le juge lui demande « si, avant l'assignation donnée à la requête de Lesurques, il n'a vu personne qui ait pu lui dire le point sur lequel devait porter sa déposition. — J'ai vu, répond-il, avant l'assignation le défenseur de Lesurques, qui, ayant vu mon livre, m'a dit que je pouvais déposer, d'après le renseignement du 8, que j'avais vu Lesurques ce jour-là. »

L'interrogatoire continue :

« D. Savez-vous qui a fait la surcharge qui est sur le livre dont vous avez excipé, lors du témoignage que vous avez rendu au Tribunal criminel, à la décharge de Lesurques ? — R. Non.

« D. Connaissiez-vous cette surcharge lorsque vous avez déposé ? — R. Je n'y avais pas fait attention. Si je l'avais reconnue, je ne me serais pas avisé de déposer comme je l'ai fait.

« D. Comment avez-vous pu déposer que vous avez vu Lesurques le 8 floréal, et qu'Aldenhof avait dîné ce même jour avec lui ? — R. Induit en erreur par la date du 8, jour où j'ai vendu une cuiller à Aldenhof, que je savais avoir dîné avec Lesurques, j'ai déposé que je l'avais vu le 8. J'ai reconnu mon erreur au Tribunal même, le jour 17 du présent, et j'y ai rétracté ma déposition publiquement.

« D. Qui a pu vous induire dans cette erreur ? — R. Je l'ignore absolument ; je ne puis deviner par qnelles circonstances la surcharge existe. Tout ce que je sais, c'est que je suis sûr que le jour que j'ai vendu une cuiller à Aldenhof, j'ai vu Lesurques, et qu'Aldenhof a dîné chez lui le même jour. J'ai reconnu l'article de vente dont je vous parle sur mon livre à la date du 8 ; j'ai déposé en conséquence d'après cette date. Je l'ai reconnue depuis fausse, j'en suis convenu ; je n'ai pas commis de faux. Ce n'est pas moi qui ai fait la surcharge. C'est une simple erreur dans laquelle je suis tombé, je ne sais qui l'a causée.

« D. N'y a-t il pas eu des témoins à décharge qui ont déposé d'après votre livre pour Lesurques ? — R. Je sais qu'Aldenhof et Hilaire ont fait la même déposition que moi pour Lesurques, et d'après la date que j'ai trouvée sur mon livre. Je crois que Baudart a aussi certifié d'après mon livre, mais je ne puis l'assurer. »

Aldenhof, interrogé à son tour, confirme les paroles de Legrand.

« Avant que j'aie reçu l'assignation pour Lesurques, j'ai été chez le citoyen Legrand. Celui-ci me demanda si je me souvenais du jour que j'avais vu Lesurques chez lui. Je lui dis que c'était le jour qu'il m'avait donné la cuiller, qu'il me dit que c'était le 8 floréal, d'après son livre. Je n'ai déposé aujourd'hui pour Lesurques que d'après ce livre. »

Legrand montre une telle désolation et un tel repentir d'avoir été, sans s'en douter, l'instrument d'une fraude, que les juges déclarent qu'il n'y a pas eu d'intention frauduleuse. Une ordonnance de non-lieu est rendue.

Ajoutez à ces faits 1° les renseignements recueillis dans l'instruction sur la moralité de Lesurques, « qu'ébloui des ressources qu'il s'était procurées en acquérant des biens nationaux et qu'il croyait inépuisables, il dissipait actuellement ce qu'il avait amassé, et qu'il n'y avait qu'une pensée sur son compte, c'est qu'il retournerait à ses vieux habits ; que, depuis deux ans, on l'avait vu avec peine délaisser sa femme, s'amuser avec des comédiennes, faire des courses de chevaux et autres sottises de ce genre ; »

2° Qu'au moment de son arrestation il n'avait pu présenter de papiers réguliers, et que deux cartes de sûreté avaient été saisies sur sa personne, l'une appartenant à son cousin, Antoine Lesurques, tailleur, rue Montorgueil, l'autre en blanc. Qu'aujourd'hui, dans la sécurité qui nous enveloppe, l'absence de papiers soit indifférente, personne n'y contredit ; mais en 1796, à cette époque de désordre et de conspirations, quand Paris était rempli de malfaiteurs de tout genre, était-ce un grief sans importance ?

3° Que Lesurques avait avec des gens suspects des relations familières ;

4° Que quatre jours après le massacre du courrier, le 12 floréal, il s'était assis à la même table que Couriol encore dégoûtant du sang versé, chez Richard, un recéleur de la pire espèce, celui-là même qui le 18 thermidor était condamné à vingt-quatre ans de fers.

Et demandez-vous si, pour expliquer, si même pour justifier la condamnation, il est besoin de supposer que la justice a été détournée de son cours par la partialité du président, par la faiblesse et l'ignorance du jury, par la pression des circonstances. Évidemment toutes ces accusations sont des chimères. Aussi, M. le comte de Valence, rendant compte à la Chambre des pairs, en 1821, d'une pétition dans laquelle la famille Lesurques avait renouvelé ses récriminations, disait, dans son rapport de tout point favorable à la réclamation : « Votre commission, du moins, n'aura pas à gémir sur l'injustice et la partialité des juges qui rendirent ce terrible arrêt. Jamais, au contraire, les fonctions de la justice ne furent remplies avec plus de lenteur et plus d'humanité. »

§ II.

Recueillons-nous maintenant, messieurs ; rassemblons en quelques traits rapides les éléments qui constituaient le débat et recherchons si, dans l'état des faits, le verdict du jury n'est pas une œuvre de sagesse et de justice.

Un crime horrible est commis à quelques lieues de Paris par une bande de malfaiteurs. On apprend que, le 8 floréal, le courrier de Lyon et le postillon ont été égorgés ; on apprend que le même jour des cavaliers armés et d'allures suspectes se sont montrés sur la route que devait suivre la malle et qu'ils sont rentrés à Paris dans la nuit même. L'action de la police ou le hasard en met une partie dans les mains de la justice. L'un d'eux est Lesurques.

Dix témoins affirment sous la foi du serment qu'ils l'ont vu et à Mongeron et à Lieursaint. Ces témoins sont des gens honnêtes ; leur impartialité n'est pas plus contestée que leur désintéressement.

Que feront les jurés en présence des déclarations qui se fortifient et se confirment les unes par les autres ?

Il n'en est pas des questions de fait comme des questions de droit et de science, où, partant d'un principe sûr et d'un fondement fixe, on arrive nécessairement à des conséquences analogues.

Les vérités judiciaires qui sont la matière des questions de fait ne sont donc pas des vérités naturelles et immuables, mais des vérités positives et arbitraires, incertaines par leur nature comme l'esprit et la mémoire de l'homme dont elles émanent.

Mais comment acquérir la connaissance de faits auxquels on n'a point assisté, si on n'a recours au témoignage verbal de ceux qui les ont vus ? comment former sa conviction, si on n'interroge les présomptions qui, des faits incontestés, conduisent l'esprit à la révélation des faits inconnus ?

Si la réputation des témoins est intacte, leur intelligence certaine, on présume de leur bon sens et de leur intelligence qu'ils ne se sont point trompés, de leur probité qu'ils ne cherchent point à tromper. Et si, de la comparaison des témoignages et des témoins, il résulte qu'ils sont d'accord non-seulement sur le fait, mais sur les détails ; s'il est constant qu'ils ne se sont pas concertés et, par exemple, que, placés en des lieux différents, les choses leur sont apparues sous le même aspect, comment ne point admettre que la vérité seule les a réunis ?

Aussi, tout en reconnaissant que les preuves de fait ne sauraient avoir un caractère d'évidence tel qu'il en résulte une conviction absolue, à moins de s'imposer la loi d'un scepticisme que ne comporte pas le mouvement des affaires humaines, il faut bien ajouter foi aux déclarations des hommes.

La parole sincère est le fondement de la société.

Mais quoi ! suffira-t-il donc du témoignage de quelques hommes pour conduire un malheureux à l'échafaud ?

Est-il donc si rare que des méchants se concertent et que des gens de bien se trompent ?

N'y a-t-il aucun fait absurde et faux, quoique attesté par une foule de témoins non concertés ? et, de même qu'il y a des circonstances où le fait seul dépose et où il ne faut, pour ainsi dire, aucun témoin, n'y en a-t-il pas d'autres dont un grand nombre de témoins ne peut contrebalancer l'invraisemblance ?

Cela est vrai, et j'admets sans hésiter que si une accusation atroce est portée contre un citoyen de mœurs honnêtes et jusqu'alors à l'abri des attaques, et qu'on ne produise contre lui ni preuves directes ni preuves matérielles, j'admets que sa parole suffira pour combattre des déclarations qui répugnent à sa vie tout entière. C'est un principe de sécurité sociale.

Je vais plus loin. La justice ne doit jamais dégénérer en embûche. Un accusé peut se mettre en péril par des réponses maladroites; il peut se compromettre par des paroles irréfléchies et troublées. L'impatience d'échapper aux étreintes de l'instruction peut lui suggérer des imprudences. En un tel cas, à mon sens, il faut relever de ce faux pas le prévenu qui s'y est engagé. La justice ne remplit jamais mieux son devoir que lorsque, tendant la main à l'accusé qui s'égare, elle le ramène dans la voie du salut.

Mais ces règles n'ont-elles pas été pratiquées par le jury de l'an IV?

Guesnot et Bruer étaient des hommes de réputation équivoque, vivant un peu d'aventures; mais ils n'avaient contre eux que des témoignages incertains et confus; le jury les a acquittés. Pourquoi n'en a-t-il pas été de même de Lesurques? Sa réputation était bonne, a-t-on dit; ses habitudes, sa fortune le mettaient à l'abri des tentations mauvaises. A Dieu ne plaise que je contredise à ces affirmations! Lesurques est tombé frappé par la loi; la justice a rempli contre lui son terrible ministère : pourquoi aller au delà et, par esprit de représailles, s'exposer à ramener au sein d'une famille si malheureuse de poignantes douleurs? Je consens à reconnaître que la moralité de Lesurques et sa situation sociale étaient de nature à repousser le soupçon s'il n'y avait contre lui que des témoignages d'identité. Mais qu'il s'en faut que telle ait été sa situation dans le débat! Comment oublier l'incident de l'éperon et la présomption irrésistible qui en découlait? On répond que cet éperon était en réalité à Dubosq, suivant la déclaration formelle de Couriol. Mais à quelle époque Couriol a-t-il parlé? Est-ce à l'audience? Est-ce au moment où la vie de Lesurques était en quelque sorte suspendue à cette charge accablante que Couriol, poussé par un sentiment de générosité qu'on trouve parfois chez les malfaiteurs les plus endurcis, est venu repousser de la tête de Lesurques la foudre qui le menaçait?

Non, ce n'est qu'après la condamnation qu'il a

2

parlé. Donc, au moment où s'agitait le débat relatif à l'éperon, rien n'amortissait le coup porté par le témoin à Lesurques ; rien n'affaiblissait la présomption relevée contre lui.

Mais que dire de l'alibi invoqué par Lesurques et des combinaisons par lesquelles il avait espéré l'étayer? Rien n'est plus positif que ses affirmations sur l'emploi de sa journée le 8 floréal an IV. Il a passé la moitié du jour au Palais-Royal chez l'orfévre Legrand; il y a acheté une pièce d'argenterie; il en est sorti à deux heures, et sa soirée a été dissipée chez la jeune fille qu'il a désignée.

Or, Legrand, après vérification, reconnaît que son livre a été falsifié; que l'opération inscrite à la date du 8 n'a été faite que le 9. Les amis de Lesurques, dont le témoignage devait confirmer la preuve écrite, reconnaissent qu'ils n'ont indiqué le 8 comme le jour où ils avaient vu Lesurques que parce que Legrand leur a certifié que c'est en effet le 8 qu'ils s'étaient trouvés ensemble. La jeune fille, interrogée, n'a que des souvenirs confus. Rien ne rappelle précisément à sa pensée quel jour elle a reçu la visite de Lesurques; elle ne peut rendre compte d'aucune date.

Or, quelle influence ne pouvait exercer sur les jurés un fait de cette nature?

L'alibi est le plus pressant, le plus fort, le plus péremptoire des faits justificatifs, car il a pour base une impossibilité physique. Vous m'accusez d'avoir commis un assassinat à Strasbourg, je prouve par des preuves incontestables que, le jour qu'on assigne au crime, j'étais à Bordeaux; quel moyen plus décisif invoquer contre l'accusation ?

Mais si non-seulement la preuve du fait justifi-

catif manque, mais qu'il apparaisse qu'une manœuvre frauduleuse a été pratiquée par un accusé
pour se créer un alibi, n'est-il pas conforme à la
raison que l'allégation se retourne contre lui?
M. le rapporteur a dit à ce sujet, en rappelant ce
qu'il a nommé la théorie des faits justificatifs,
qu'on ne connaissait dans le droit ancien aucune
règle qui ait converti le fait justificatif en une
charge violente par cela seul que ce fait n'aurait
pas été suffisamment prouvé ; que, dans le droit
moderne, cette prétendue règle ne pourrait même
y naître, puisque l'intime conviction que les débats inspirent à la conscience des jurés est l'unique base de leur verdict ; que, si l'on comprend
que l'accusé qui allègue une excuse ou une cause
de justification et qui ne peut la prouver, en perde
le bénéfice, on ne comprend pas qu'on lui fasse
un grief de ce que sa preuve est insuffisante....

On trouve dans les arsenaux de la science, comme dans les arsenaux de la guerre, toutes les armes
dont on a besoin pour combattre, il ne s'agit que
de choisir ; mais qu'importe ici la théorie? Ce que
nous cherchons, ce n'est pas ce qu'ont pensé les
criminalistes anciens et modernes des tentatives
inutilement faites par un accusé pour établir un
alibi, mais l'impression qu'après l'incident dont
j'ai rappelé les détails ont dû ressentir les jurés, et
ce qu'a dû être le mouvement de leur conscience
en entendant Lesurques lui-même, renonçant au
stratagème qu'il avait si soigneusement édifié,
prier les jurés de ne tenir aucun compte des preuves tirées du livre de Legrand.

Certainement, de ce qu'un alibi n'est pas établi
de manière à satisfaire un esprit difficile, il ne peut

s'ensuivre que l'accusé qui l'a proposé soit nécessairement coupable du crime qui lui est imputé.

Les circonstances les plus naturelles, l'absence d'un témoin, le trouble d'un autre, la difficulté des explications, ont pu déconcerter la preuve. Mais si nous pénétrons dans la pensée des jurés de l'an IV, c'était bien autre chose qu'une impuissance accidentelle qui rendait la preuve impossible. La fraude était prise sur le fait; et, encore une fois, quand, acculé dans sa défense, Lesurques en était réduit à répudier la preuve sur laquelle était basé son système de défense, n'est-ce pas un hommage indirect qu'il rendait à la sincérité des témoins? n'est-ce pas comme s'il eût déclaré en termes explicites qu'en effet, le 8 floréal, il n'avait pas passé sa journée au Palais-Royal ; qu'il n'avait pas passé sa soirée chez la fille Dargence et, par une conséquence naturelle, que les témoignages qui affirmaient sa présence à Mongeron et à Lieursaint n'étaient pas faux ?

Il n'est pas besoin, pour justifier cet aperçu, de supposer aux jurés une intelligence médiocre : des esprits supérieurs s'y seraient trompés. Il faut juger les choses humaines humainement, et, s'il est arrivé qu'indignés du piége tendu à leur bonne foi, les jurés se sont montrés d'une sévérité extrême, ce n'est pas leur ignorance du droit qu'il faut accuser, car la loi ne leur fait pas une obligation de le connaître, mais l'imprudence et la fraude de l'homme qui s'est de lui-même précipité dans l'abîme.

Ainsi, à ce premier point de la discussion, nous croyons pouvoir affirmer que les apparences justifiaient la condamnation de Lesurques.

Maintenant, y a-t-il eu dans ce fatal procès un de ces faits étranges, inexplicables, qui troublent la marche ordinaire des affaires humaines et qui, d'une vérité judiciaire consacrée par le suffrage des gens honnêtes, a fait une erreur à jamais déplorable, une sorte de crime social?

§ III.

Vous savez que Lesurques, au moment de sa condamnation, avait protesté de son innocence. Était-ce un de ces cris désespérés que le sentiment d'un déshonneur immérité arrache à une âme honnête, ou n'était-ce, comme la tentative d'alibi, qu'une manœuvre destinée à égarer l'opinion?

Le lendemain du jugement (non le jour même, c'est une erreur imaginée par les amis de Lesurques), Couriol, avec lequel il avait été ramené à la Conciergerie, fit une déclaration dont je reprends les termes : « Lesurques et Bernard sont innocents du crime pour lequel ils ont été condamnés à la peine de mort, ainsi que le nommé Richard, condamné aux fers ; les véritables coupables sont Dubosq et Vidal. Madeleine Bréban peut donner des renseignements sur Dubosq et Vidal. »

Une déclaration postérieure contenait les détails les plus circonstanciés sur les individus qui, d'après Couriol, avaient été ses complices, sur la manière dont le crime avait été commis, sur la façon dont s'était effectué le partage des dépouilles enlevées au courrier. C'est là qu'il était écrit que l'éperon attribué à Lesurques appartenait à Dubosq.

Prises dans leur ensemble et dans leurs détails, ces déclarations semblaient, au premier abord, un mensonge concerté dans la prison. Mais, d'une part, Lesurques avait des amis ardents qui s'étaient emparés de ce fait et en tiraient parti ; d'autre part, il se pouvait à la rigueur qu'une erreur eût été commise. Quelle œuvre de l'homme n'est sujette à l'erreur ?

C'était, il est vrai, un condamné qui attaquait le jugement par lequel lui-même avait été frappé. Mais il s'accusait, il indiquait les agents du crime; il donnait des détails. Comment décider, sans y regarder de plus près, sans entendre les témoins qu'il avait indiqués, que de cette bouche impure ne pouvait sortir la vérité !

Le Directoire exécutif s'émut de cette révélation, et, par un message du 27 vendémiaire an V, il appela le conseil des Cinq-Cents à décider ce qu'il convenait de faire dans cette circonstance et s'il était possible que Lesurques innocent pérît sur l'échafaud, parce qu'il ressemblait à un coupable.

Le conseil accueillit avec faveur cette communication, et il fut décidé à l'unanimité que, sans avoir égard aux dispositions du Code criminel qui prescrivait l'exécution immédiate des arrêts basés sur un verdict du jury, une commission, choisie dans l'Assemblée, vérifierait les déclarations de Couriol, entendrait les témoins par lui signalés, et, si l'erreur de la condamnation était démontrée, proposerait les mesures propres à prévenir un des plus grands malheurs qui puissent affliger les sociétés civilisées, la perte d'un innocent. Le respect de la vie humaine, si longtemps aboli, reprenait son empire sur les pouvoirs publics.

La commission fut composée de MM. Siméon, Treilhard et Crassous. Jamais, on peut le dire avec assurance, une mission plus délicate n'avait été remise en des mains plus sûres, plus exercées, plus habiles. Il résulte du rapport que tout ce qui pouvait être tenté pour mettre en lumière l'innocence de Lesurques fut fait avec autant d'empressement que de sollicitude.

On vous a lu ce rapport presque tout entier. Je n'y reviens pas. Je me borne à rappeler que la première partie proteste énergiquement contre cette supposition que Siméon, l'un des auteurs du Code des délits et des peines, qui supprimait la révision, était, de parti pris, hostile à une réclamation qui n'en montrait que trop la nécessité ; que, dans la seconde partie, il signale les contradictions et les mensonges des déclarations de Couriol proclamant l'innocence de Bernard et de Richard, qui, frappés par la loi, se soumettaient à leur sort. Il rappelle les tentatives faites par Lesurques pour établir un alibi ; il le discute, il en montre la fraude ; il montre que si, s'érigeant en tribunal d'équité, le conseil substituait le sentiment à la règle, il « introduirait, sous le prétexte le plus séduisant, un arbitraire dont l'exemple profiterait bientôt aux passions pour des innovations moins excusables. »

Ce rapport rendu public fut, de la part de Lesurques et de ses défenseurs, l'objet d'amères attaques. L'Assemblée n'en tint aucun compte ; l'ordre du jour fut adopté : Lesurques subit son sort !

§ IV.

Le rapport vous a appris quels événements suivirent la fin tragique de ce malheureux : l'arrestation et le jugement de Durochat, et sa déclaration en faveur de Lesurques ; l'arrestation et le jugement de Vidal en l'an VI ; celle de Dubosq et son jugement en l'an IX ; celle de Béroldy, son jugement et sa déclaration en l'an XII.

De ces événements, le plus considérable était l'arrestation de Dubosq, signalé par Couriol et par la fille Bréban comme l'un des auteurs de l'attentat du 8 floréal. C'était l'espoir de la famille et de la justice, que sa présence dissiperait les doutes et qu'enfin on saurait si, par une fatale ressemblance, Lesurques avait expié le crime d'un autre.

Dubosq, arrêté pour la première fois en l'an V, avait été confronté avec les témoins sur la déclaration desquels Lesurques avait été condamné. Il avait été confronté également avec Durochat, celui des assassins qui, placé à côté du courrier, l'avait frappé de trois coups de poignard. Durochat, après son arrestation, avait fait une déclaration favorable à Lesurques et il avait désigné Dubosq comme son complice. On les met en présence. Durochat déclare que l'individu qu'on lui présente sous le nom de Dubosq n'est pas l'homme dont il a parlé. Son air de bonhomie trompe le directeur du jury; la surveillance se relâche à l'égard de Dubosq; il s'évade. Dubosq avait payé le silence de Durochat et c'est de celui-ci qu'on apprit ulté-

rieurement que, Dubosq lui ayant promis et
donné tout l'argent qu'il lui avait demandé, il
n'avait pas dû le reconnaître.

En l'an VI, Dubosq est repris : l'instruction re-
commence ; on entend de nouveau les témoins,
et, comme la première fois, ils déclarent uniformément que ce n'est pas Dubosq qu'ils ont vu sur
la route de Paris à Melun ; et, chose notable, à ce
même moment, Vidal ayant été compris dans
l'accusation, Vidal avec lequel ils avaient confondu Guesnot, ils s'empressent de confesser leur
erreur ; et, au lieu d'un témoignage incertain, em-
barrassé, ils produisent des dépositions fermes et
si convaincantes que Vidal est condamné.

Dubosq s'était évadé de nouveau. Il est arrêté et
renvoyé devant les assises de Versailles. Allait-on
enfin pénétrer le secret de cette horrible affaire ?

Le ministre de la justice, M. Lambrecht, s'as-
sociant aux réclamations de la famille Lesurques,
écrivait en l'an IX à l'accusateur public de Seine-
et-Oise :

« Vous êtes sans doute convaincu de la nécessité de faire les plus grands efforts pour découvrir
entre Lesurques et Dubosq quel est le vrai coupable. Je n'insisterai point à cet égard auprès de
vous ; mais j'observerai qu'il faut tâcher de rendre
constant entre ces deux individus si la culpabilité
de l'un entraîne nécessairement l'innocence de
l'autre, ou si tous les deux peuvent être convaincus du même crime ou de quelques-unes de ses
circonstances. Je crois devoir à ce sujet vous rappeler la loi du 15 mai 1793.... etc. »

Ceci est bien loin des sentiments qu'en diffé-

rentes circonstances on a prêtés à l'administration, que, Lesurques ayant été condamné, il im-
portait que sa culpabilité demeurât avérée, la
justice ne pouvant sans dommage pour le pays
recevoir des démentis. C'est le chef même de la
justice qui invite les magistrats à consacrer tous
les efforts de leur intelligence à établir s'il est possible que Lesurques est tombé victime d'une fata-
lité inouïe, ou si, au contraire, il existait contre
lui des présomptions, des preuves, des faits de
nature à justifier la décision de l'an IV.

L'acte d'accusation assignait à Dubosq une part
essentielle dans l'organisation du complot. Il
ajoutait que des déclarations rapprochées de Couriol, de Durochat, il résultait que c'est lui, Dubosq, qui, avec Couriol, s'était jeté sur le postillon, tandis que Roussi et Vidal attaquaient le
courrier dans la malle ; que c'est chez lui, Dubosq,
que le 9 floréal au matin s'étaient rendus les assassins et que s'était opéré le partage des effets
volés.

Les témoins sont rappelés. La famille Lesurques
assiste à l'audience ; elle y est accompagnée d'un
avocat et de M. Daubanton, le juge de paix qui
avait eu l'initiative de l'instruction et qui, impu-
tant à son zèle la condamnation de Lesurques, s'é-
tait imposé le devoir de travailler, autant qu'il
serait en lui, à la réhabilitation de sa mémoire.
C'est elle, c'est la famille Lesurques qui dirige en
réalité les débats. Les magistrats se prêtent à tous
les désirs qu'elle exprime, tant est grande la com-
passion qu'inspire son malheur.

Mais tous les efforts échouent. Les témoins persistent à déclarer qu'ils ne reconnaissent pas Du-

bosq. Couriol et Durochat avaient dit que celui-ci, pour mieux assurer son impunité, s'était affublé d'une perruque blonde. Une décision de la Cour d'assises ordonne qu'il soit restitué sous cet aspect aux témoins.

En même temps, un portrait de Lesurques était représenté. Tous les témoins, un seul excepté, persistent à dire que Lesurques est bien l'homme qu'ils ont vu, et voici comment, sur cette ressemblance prétendue, se formule leur pensée :

« Quelques-uns d'entre eux observent qu'il peut avoir existé dans les masses et dans les aspects des deux individus, Lesurques et Dubosq, quelques rapports généraux, mais que dans les détails et dans les traits de leurs figures ils ne trouvent aucune ressemblance qui puisse les induire à penser qu'ils ont commis une erreur. »

Enfin un bruit avait été accrédité par les amis de Lesurques que, lorsque ce dernier avait été conduit à Bicêtre, après sa condamnation, tous les employés avaient cru revoir Dubosq, qui y avait fait un assez long séjour. Tous ces employés sont appelés à l'audience et tous déclarent sans variation que le bruit n'a aucun fondement.

Je me pose, messieurs, cette question : l'administration de la justice a-t-elle pu faire dans l'intérêt de la famille Lesurques plus qu'elle n'a fait ? Est-il une circonstance qu'elle ait négligé d'invoquer pour constater l'innocence de Lesurques ? N'a-t-elle pas mis à la recherche de la vérité un empressement et une ardeur sans pareils ?

Comment toutefois Dubosq se défend-il ? Il reconnaissait assez volontiers qu'il était un voleur ;

il s'en glorifiait presque. Mais il contestait vivement qu'il eût pris une part directe à l'assassinat et que, selon l'affirmation de Couriol, le postillon fût tombé sous ses coups.

En l'an IV, le jury avait été consulté sur les questions suivantes : Si Lesurques avait pris une part directe à l'assassinat du courrier et du postillon ; s'il avait pris une part directe au vol ; et le jury avait répondu affirmativement. Les mêmes questions sont posées aux jurés de l'an IX. Sur la participation à l'assassinat ils répondent négativement ; ils se bornent à déclarer que Dubosq a aidé et assisté ceux qui ont commis l'assassinat et le vol.

Après comme avant sa condamnation, Dubosq avait été vivement pressé de disculper Lesurques s'il y avait lieu. Mais il avait gardé un silence obstiné. A-t-il emporté son secret dans la tombe ?

A la dernière audience, une lettre a été lue dans laquelle un ancien avocat du Barreau de Paris racontait qu'en l'an IX le défenseur de Dubosq, ayant reçu de celui-ci la confidence qu'il était en réalité l'assassin du courrier et que Lesurques était innocent, s'était cru obligé de provoquer une réunion solennelle du Barreau (quatre-vingts avocats) pour savoir de ses confrères quelle conduite il avait à tenir, et si son devoir n'était pas de révéler à la justice l'aveu qui lui avait été fait.

Ce n'est pas assurément dans des souvenirs postérieurs de cinquante ans aux faits, qu'on peut aller chercher la contradiction des constatations judiciaires. Rien n'est donc moins important que ce récit.

Mais à qui faire croire qu'un avocat ait pu être

assez étranger aux devoirs et à la conscience de son état pour venir demander à des confrères s'il lui était permis de violer une règle aussi ancienne que la profession ?

Quoi! le législateur a fait du ministère de l'avocat un ministère nécessaire en matière criminelle. Il a provoqué, commandé la confiance du client envers son défenseur, et ce défenseur dans lequel il a eu foi, auquel il a ouvert son cœur, peut se transformer en dénonciateur! Le secret qu'il a déposé dans son sein ne reste inviolable que si la révélation a peu d'importance !

Que l'avocat, après la confession du client, abandonne la défense, si la nature des aveux provoque ses scrupules, soit! c'est son droit; quelquefois c'est son devoir. Mais consulter des personnes étrangères à la défense, mais leur révéler des faits dont la divulgation peut entraîner la perte d'un accusé.... j'ai été longtemps avocat, messieurs, et je rougis de penser qu'en aucun temps un avocat ait pu se souiller d'une telle honte !

Dubosq donc, d'après toutes les pièces du procès, avait gardé son secret en mourant.

Il n'en fut pas de même de Béroldy.

Devant toutes les questions qui lui furent adressées au sujet de Lesurques, soit pendant son procès, soit après sa condamnation, il demeura muet ; il résista aux instances qu'avait été chargé de faire auprès de lui M. Delapalme, officier du parquet de Versailles, le père de l'honorable conseiller dont la perte récente excite encore nos regrets. Mais, six mois après sa mort, un écrit signé de sa main fut déposé par un prêtre chez un notaire :

« Je décalere que le nome le Surque est inocen. Mes set déclaration que je done à mon confesseur, il ne pouera la décalarer a la justice que sixe moi apre ma morte. »

Ainsi se terminaient, malgré les efforts et contre l'espérance de la famille Lesurques, les procès auxquels avait donné lieu le drame de la forêt de Sénars.

Il ne restait que des déclarations contestables par l'indignité des individus dont elles émanaient, contestables par les contradictions qui s'y trouvaient accumulées, non absolument toutefois indignes d'attention.

Quel parti en tirer ?

§ V.

Sur le conseil de M. Daubanton, la famille résolut de s'adresser à l'empereur Napoléon.

Depuis la publication de la correspondance, il n'est permis à personne d'ignorer avec quelle sollicitude l'empereur Napoléon surveillait l'administration de son vaste empire, avec quel scrupule et quelle haute intelligence il en embrassait tous les détails. Rien n'échappait à son attention. Les petites affaires y trouvaient place comme les grandes. Il pensait qu'en toutes choses, l'œil du prince est la sauvegarde des peuples.

Un des objets qui excitait particulièrement ses préoccupations, c'était la distribution de la justice. Je ne parle que de la justice ordinaire. Ce qu'on a appelé la justice politique avait sa raison d'être et ses règles particulières, et, si elle a provoqué des plaintes, c'est moins au prince qu'il faut en reporter la responsabilité qu'à l'inertie de l'Assemblée qui avait reçu de la Constitution le droit d'en réprimer les écarts.

L'Empereur participait à l'élaboration des lois ; il voulait qu'elles fussent sincèrement appliquées. Une idée qui répugnait à son esprit, c'est que, sous son règne, un citoyen fût victime d'une iniquité judiciaire et qu'il n'obtînt pas une réparation complète.

Les registres de la Cour de cassation conservent un mémorable exemple de cette disposition d'esprit.

En 1806, deux individus sont traduits devant la Cour de justice criminelle de la Dyle. Ils étaient accusés de vol, l'un comme auteur, l'autre comme complice. L'auteur se nommait Gérard Garçon, le complice Sébastien Ellenbergh. Ils sont condamnés.

Pendant qu'ils étaient au bagne, une nouvelle poursuite est dirigée contre eux ; ils étaient accusés d'un crime de garrottage. L'instruction révéla qu'Ellenbergh n'était point complice de ce second fait. Gérard Garçon en accusa un tiers qui fut immédiatement arrêté et convaincu. Mais il était couvert par la prescription. L'instruction dut s'arrêter.

Cependant un résultat inattendu se produisit. Il fut démontré qu'Ellenbergh, mal à propos impliqué dans l'accusation de garrottage, était innocent du vol à raison duquel il avait été condamné.

Les faits furent exposés à l'Empereur.

Le grand juge concluait à ce qu'Ellenbergh fût gracié.

« Gracié ! mais ce n'est pas une suffisante réparation, répondit l'Empereur. La grâce suppose le crime, elle en laisse subsister la trace. Il faut que le procès soit révisé et la condamnation judiciaire anéantie. »

Et comme on opposait que la révision n'était pas autorisée par la loi criminelle, parce qu'il n'existait qu'un arrêt de condamnation et que la révision ne pouvait s'appliquer qu'à des arrêts inconciliables, l'Empereur, après avoir consulté son conseil privé, adressa à la Cour de cassation le décret que vous me permettrez de mettre sous vos yeux :

« D'après cet exposé, notre grand juge a conclu dans notre conseil privé, tenu le 12 de ce mois, à ce qu'il nous plaise d'accorder des lettres de grâce à Sébastien Ellenbergh, sur lequel rapport ayant entendu ceux qui composent ledit conseil, nous avons pensé que le moyen proposé ne satisfaisait pas entièrement, à l'égard dudit Ellenbergh, aux droits de la justice, attendu les fortes présomptions acquises sur son innocence ; cependant, l'individu reconnu coupable étant couvert de la prescription, il est impossible de prononcer contre lui un arrêt qui, se trouvant inconciliable avec celui d'Ellenbergh, donnerait ouverture à vous faire dénoncer les deux jugements par notre procureur général, ainsi qu'il est prescrit par l'article 443 du Code d'instruction criminelle, à l'effet d'annuler l'un et l'autre, et de renvoyer les deux condamnés devant une autre Cour pour une nouvelle instruction. Les autres moyens indiqués par le Code étant évidemment inapplicables, et l'état actuel de la législation laissant sans recours l'innocent condamné dans le cas dont il s'agit, nous avons jugé nécessaire de suppléer à cette insuffisance de la loi par une disposition rapprochée de ce qu'elle a déterminé pour des faits analogues. A ces causes, nous voulons et ordonnons que l'arrêt rendu le 18 juillet 1806, par la Cour de justice criminelle du département de la Dyle, contre Sébastien Ellenbergh soit, ainsi que la procédure qui y a donné lieu et celle qui a motivé l'arrêt rendu par la Cour d'Anvers, le 17 juillet 1808, soumis à votre examen, en sections réunies, sous la présidence de notre grand juge, ministre de la justice, afin qu'entrant dans l'examen des faits indépendamment de la régularité et des vices de forme, et sans avoir égard à l'arrêt de confirmation précédemment rendu par vous, ledit arrêt de la Cour de la Dyle soit cassé et annulé, s'il y a lieu, dans l'arrêt d'Ellenbergh, et que ledit individu soit absous et mis en liberté ; comme aussi, dans le cas où l'innocence dudit Ellenbergh ne paraîtrait pas suffisamment résulter de la procédure, nous vous autorisons à le renvoyer devant la Cour d'assises, pour le faire juger de nouveau sur les faits qui ont donné lieu à sa condamnation.

« Mandons et ordonnons que les présentes lettres de révision gracieuse, scellées du sceau de l'empire, visées par notre cousin le prince archichancelier, vous soient présentées par notre procureur général, en audience publique, et transcrites de suite sur vos registres, à sa réquisition.

« Donné à Paris, le 20 décembre 1813.

« Signé : NAPOLÉON. »

Je ne recherche pas si cet acte est compatible avec les règles du droit criminel, ni si le pouvoir

exécutif a pu, par une action exorbitante et privi-
légiée, s'emparer d'un mode de révision en dehors
des prescriptions légales. Ce qu'il faut signaler,
c'est le sentiment généreux qui avait dicté ce décret. Aux yeux de son auteur, il n'y avait de juridiction inviolable que celle qui jugeait bien. J'en
signale aussi la date, 20 décembre 1813. C'est au
moment où l'empire chancelait sur sa base et où
le soin de la défense contre l'invasion étrangère
absorbait et son temps et ses facultés que l'empereur Napoléon règle avec une sollicitude pater-
nelle les destinées du plus humble de ses sujets.

En 1806, pendant un de ces courts séjours qu'il
faisait à Paris, une pétition lui fut remise par les
enfants Lesurques. Elle avait été rédigée par
M. Daubanton. Les faits y étaient brièvement,
mais complétement exposés. Les déclarations de
Couriol, de Durochat, de Béroldy s'y trouvaient
reproduites. Rien n'était oublié de ce qui pouvait
établir que Lesurques avait péri victime de la fata-
lité.

On insistait sur cette double circonstance que
cinq ou six malfaiteurs au plus avaient pris part à
l'attentat et que cependant sept avaient été frappés par la justice, et que, si les témoins de l'an IV
avaient désigné Lesurques comme un des assassins, c'est qu'ils avaient été abusés par la ressemblance qui existait entre Dubosq et lui.

L'Empereur, on le sait, lisait tout. Il n'est pas
douteux qu'il ait pris une connaissance person-
nelle de la pétition. Il écrivit, de sa main, en
marge : « Renvoyé au grand juge pour en faire
rapport. — Saint-Cloud, 7 juillet 1806. S. : N. »
Le grand juge était M. le duc de Massa. Il de-

manda des renseignements au procureur général
de la Cour d'assises de Versailles, M. Giraudet,
qui avait porté la parole dans l'affaire Dubosq.

Étranger de tout point à la condamnation de
Lesurques, M. Giraudet était en position de remplir avec une complète impartialité la mission
qui lui était confiée. Deux questions se présen-
taient à son examen : la première, si, en supposant
Lesurques innocent, la révision était possible ; la
seconde, si les faits établissaient clairement son innocence. —

Sur le premier point toute discussion était inutile, la révision ne pouvant s'opérer dans les cas
déterminés par la loi que du vivant du condamné ;
sur le second, M. Giraudet établit une discussion
complète ; il reprend les faits, il les raconte,
il les discute ; il apprécie les objections sou-
levées par la famille Lesurques ; il montre que
rien dans l'instruction ni dans les actes d'accusation ne justifie cette assertion, que cinq assassins
seulement avaient pris part à l'attentat ; qu'il résultait, au contraire, des actes officiels que les
malfaiteurs qui avaient attaqué le courrier de
Lyon étaient au nombre de sept, et qu'ainsi la
justice ne s'était point égarée dans ses sévérités. Il
montre que, s'il existait entre Lesurques et Dubosq une certaine ressemblance, elle n'était pas
de nature à tromper les témoins ; il montre enfin,
en rapprochant les preuves invoquées contre Lesurques, que rien ne justifiait l'allégation de son
innocence. Ce travail était une œuvre de conscience et de talent ; il fut soumis à l'Empereur et
l'Empereur en adopta les conclusions. Il est écrit
sur la pétition elle-même : « 6 août 1806, décidé

par Sa Majesté qu'il n'y avait pas lieu à révision. »

Il est difficile de se dissimuler l'importance d'une telle solution.

La Restauration, en amenant des pouvoirs nouveaux, ranima les espérances et renouvela les efforts de la famille Lesurques. Des pétitions furent adressées au roi, à M. le duc de Berri, à Mme la duchesse d'Angoulême, au chancelier de France, aux Chambres.

Il y a dans la réclamation d'une famille protestant de l'innocence de son chef et demandant à être relevée de l'opprobre que lui a infligé une condamnation imméritée, quelque chose de si respectable qu'on s'y laisse facilement gagner. Puis il s'agissait d'une condamnation prononcée en l'an IV, à une époque suspecte d'illégalité. La Chambre des pairs comme la Chambre des députés prêtèrent une oreille bienveillante aux pétitions discutées devant elles, et des renvois furent prononcés au ministre de la justice. Les bureaux examinèrent et, sur leur proposition, le ministre, M. de Serres, émit une solution défavorable.

J'extrais de son avis ce passage :

« On pourrait demander s'il est utile de proposer une loi nouvelle pour les cas analogues. Le seul motif serait le très-petit nombre de familles frappées dans l'un des leurs par un arrêt injuste, et soumises à l'effet de ce préjugé, qui ne sera jamais entièrement détruit, parce qu'il exprime cette vérité morale, que l'on participe à la gloire comme à la honte de ses proches. Mais cet intérêt ne peut être mis en parallèle avec l'inconvénient de remettre en question, après leur exécution, la vérité ou l'erreur des condamnations capitales, lorsque les familles ne se présenteraient la plupart du temps que de longues années après, lorsque les preuves auraient péri et qu'il y aurait bien moins de probabilités pour la manifestation de la vérité qu'au jour même de l'arrêt attaqué, lorsque ces demandes s'appuieraient presque toujours ou sur la faveur, ou sur l'inimitié, ou sur la réaction, ou enfin sur un de ces mouvements d'opinion populaire plus passionnés encore. En résultat, pour une injustice réelle, reconnue et bien imparfaitement réparée, on ébranlerait jusqu'à ses fondements la justice elle-même. »

Cet échec ne décourage point la famille; elle renouvelle ses pétitions; elle en obtient de nouveau le renvoi à l'administration de la justice.

L'affaire changeait évidemment d'aspect ; il ne suffisait plus de se réfugier derrière la fin de non-recevoir tirée de la mort de Lesurques et de Dubosq. L'innocence de Lesurques était affirmée avec hauteur. On accusait le gouvernement de fermer les yeux à la lumière et, par la lenteur qu'il apportait à une réhabilitation inévitable, d'accepter, en quelque sorte, la complicité de l'erreur commise par le jury de l'an IV.

Il fallait prendre un parti décisif; si Lesurques avait péri victime d'une méprise, il fallait demander au pouvoir législatif le moyen de réparation que n'offrait pas la législation existante.

Mais à quelle autorité soumettre la question ?

On proposa dans les bureaux de la déférer au conseil d'État. M. de Vatimesnil, qui avait quitté

le parquet de la Cour de cassation pour prendre
les fonctions de secrétaire général, examina la question. Il y porta toute l'intelligence de son esprit,
toute la droiture de son caractère, son expérience,
et voici dans quels termes il exprima son opinion :

« Je sais que l'on a prétendu que l'article 443
du Code d'instruction criminelle était applicable
parce que l'arrêt rendu contre Dubosq, a-t-on dit,
ne peut se concilier avec l'arrêt rendu contre Lesurques. Mais c'est précisément ce que je ne puis
admettre. Lesurques aurait pu être le complice de
Dubosq ; rien n'est plus clair, puisqu'il y avait
plusieurs assassins et que le nombre n'en a même
jamais été bien connu. L'innocence de Lesurques
n'est donc pas une conséquence nécessaire de la
culpabilité de Dubosq. A la vérité, il y a quelques
circonstances qui font présumer que Lesurques a
été pris pour Dubosq ; mais ce n'est là qu'une
conjecture, et il faudrait s'appuyer sur une base
moins fragile qu'une conjecture pour décider que
les deux arrêts sont inconciliables.

« Voudrait-on faire participer la famille de Lesurques et sa mémoire aux bienfaits de la clémence
royale qui viendrait effacer les traces de la condamnation ?

« Ce projet ne serait pas moins contraire aux
principes que les autres. Le roi remet en tout ou
en partie les peines prononcées en matière criminelle ; mais il ne fait pas, il ne peut pas faire
que la condamnation n'ait pas existé.

« Il suit de là que le droit de grâce ne peut
s'exercer ni sur des peines qui ont été subies en
entier, ni au profit de personnes décédées. Autre-

ment les lettres de grâce deviendraient des lettres d'abolition, et en France on ne connaît plus les lettres d'abolition.

« Serait-il question enfin de préparer un projet de loi pour pourvoir aux moyens de réhabiliter tout condamné ou la mémoire de tout condamné en faveur duquel de fortes preuves d'innocence viendraient tout à coup s'élever ?

« Je pourrais d'abord contester l'utilité d'une telle mesure ; je pourrais demander si l'avantage que la société tirerait d'une réhabilitation marquée au coin de la justice ne serait pas contrebalancée d'une manière bien fâcheuse par l'inconvénient de mettre sans cesse en question la chose jugée.

« Mais je crois qu'il y a une observation plus décisive à faire sur le point que j'examine actuellement. Si je ne me trompe, il est dangereux de s'occuper d'un projet de loi à l'occasion d'un fait particulier. Il est impossible que les esprits de ceux qui discutent le projet se dégagent entièrement de l'influence que le fait exerce sur eux d'une manière irrésistible. Au lieu de s'élever, comme doit le faire le législateur, à des considérations générales et d'embrasser tous les cas, la discussion se rapetisse nécessairement pour se renfermer dans les étroites limites de l'espèce qui préoccupe toutes les imaginations.

« Faut-il enfin dire toute ma pensée ? Je doute que l'affaire Lesurques soit une occasion bien heureuse pour aviser d'une manière générale aux moyens de laver l'innocence de la souillure des condamnations injustes. Le mal-jugé de l'arrêt de l'an IV ne me paraît pas suffisamment démontré. Un homme que neuf témoins ont reconnu, qui était en relation intime avec plusieurs des coupables et qui a employé un moyen frauduleux pour établir un prétendu alibi ne devient pas innocent à mes yeux par cela seul que les autres condamnés l'ont déclaré tel. Ce que les esprits justes et les hommes qui savent résister à l'entraînement des idées du jour penseront, si je ne me trompe, c'est qu'il y a, quant à la culpabilité de Lesurques, doute grave, doute qui devrait déterminer son acquittement si le jugement était à rendre, mais qui ne suffirait probablement pas pour des lettres d'abolition, dans le cas où la législation les autoriserait. S'abstenir dans cet état d'incertitude me semble le parti le plus sage. »

Quelque grave que fût cet avis, le ministre, M. Peyronnet, crut ne pas devoir s'y arrêter. L'affaire fut renvoyée aux comités de législation et du contentieux réunis. M. Zangiacomi, conseiller à la Cour de cassation, était en même temps conseiller d'État (la loi du temps le permettait) ; il fut choisi pour rapporteur.

J'ai lu dans un écrit récemment publié dans l'intérêt de la famille Lesurques, que M. Zangiacomi était un esprit faible, toujours prêt à s'incliner devant le pouvoir, savant à la vérité, mais d'une science sans élévation, et incapable de remplir, comme il convenait, la délicate mission qui lui était confiée. Quelle douleur de voir juger ainsi l'homme qui a laissé dans la Cour de cassation les plus respectables et les plus chers souvenirs ! Appelé à prendre part au jugement du 21 janvier 1793, M. Zangiacomi, au milieu des fureurs de la Convention, avait voté pour le bannissement. Sa carrière est demeurée fidèle à ce commencement. Quel esprit plus judicieux et plus éclairé aurait-on pu rencontrer, quel cœur plus religieux, quel sentiment plus profond du devoir! A quoi bon, grand Dieu! chercher à diminuer les hommes qui ont été l'honneur de la magistrature et du pays! M. Zangiacomi apporta dans l'étude de l'affaire toute son intelligence et toute sa conscience. Un magistrat éminent a dit de son rapport qu'indépendamment de l'intérêt des questions dont il s'occupe, il resterait toujours comme un chef-d'œuvre de clarté dans l'exposition des faits, d'impartialité dans le discernement et la réunion des preuves, de force et de logique dans la discussion des moyens.

Cette appréciation est exacte. Suivant les traces de tous ceux qui jusqu'alors avaient examiné l'affaire, M. Zangiacomi arrive aux mêmes conclusions : c'est, d'une part, que l'article 443 du Code d'instruction criminelle ne peut recevoir d'application; c'est, d'autre part, que l'innocence de Lesurques n'est pas établie de telle façon que, dans l'insuffisance de la loi actuelle, il faille proposer une loi nouvelle qui s'accommoderait mieux aux nécessités de sa défense.

« En m'expliquant ainsi, dit-il en terminant, personne ne me soupçonnera, je pense, de vouloir appuyer ou justifier les chefs d'accusation portés contre Lesurques; rien n'est plus éloigné de mon intention et ne serait moins conforme à la mission que j'ai reçue. Il ne s'agit pas de procéder au jugement de Lesurques, il est jugé; il s'agit, ce qui est fort différent, d'examiner si l'arrêt rendu contre lui peut être attaqué par une voie extraordinaire, que la loi actuelle n'admet pas, et qu'une loi nouvelle ne pourrait autoriser, si ce n'est peut-être dans le concours de circonstances très-graves qui, à mon sens, ne se rencontrent pas ici. Mais, en émettant cette opinion, je laisse au procès, je laisse à la malheureuse famille qui vous implore, tous les faits, toutes les vraisemblances, les probabilités, les présomptions qui peuvent militer en sa faveur, et la défendre au tribunal de l'opinion publique, qui me paraît seul compétent pour prononcer désormais sur cette affaire. »

Sur ce rapport, et après une délibération approfondie, les comités de la législation et du contentieux émirent l'avis suivant : « En droit, que l'article 443 était absolument inapplicable ; en fait, que les moyens de révision dont les pétitionnaires excipent, et qu'ils tirent, soit de la prétendue contrariété des arrêts rendus contre Lesurques et Dubosq, soit de l'erreur qu'ils imputent aux témoins et au jury, ne sont fondés sur aucun fait certain ni positif ; car si, d'une part, trois condamnés, et quelques personnes qui ont recueilli leurs dires, attestent que Lesurques était innocent et qu'il a été condamné pour Dubosq, d'autre part, le fait contraire est affirmé par huit témoins non reprochés et irréprochables, qui ont déposé contre lui en l'an IV, et ont, depuis sa condamnation, réitéré quatre fois leurs dépositions, la dernière fois en présence de Dubosq, dans les débats à la suite desquels il a été condamné ; que rien dans ces circonstances ne pourrait motiver, ni en droit, ni en fait, la révision du procès Lesurques,

« Sont d'avis,

« Que la demande de la femme et des enfants Lesurques ne peut être accueillie. »

On demande une révision, messieurs. Qu'est-ce donc que ceci, si ce n'est une révision? Est-ce que le procès entier n'a pas été restitué? est-ce que, sans s'occuper de l'obstacle que l'article 443 oppose à la révision d'un procès criminel quand les condamnés sont décédés, tous les faits n'ont pas été examinés? est-ce que l'investigation la plus sévère n'a pas été portée sur tous les détails? est-ce que la conclusion adoptée par le Conseil d'État n'est pas un jugement définitif?

Une décision du Conseil d'État est toujours une chose grave; elle est l'œuvre d'hommes que recommandent l'expérience, la connaissance approfondie des affaires, la pureté du caractère, l'intelligence particulière des besoins de la société; mais la décision que nous venons de citer emprunte à la composition dès comités une force exceptionnelle; c'étaient, au comité de législation : le comte Portalis, le baron Mounier, Maine de Biran, Zangiacomi, Jacquinot-Pampelune; au comité du contentieux : Allent, Delamalle, le baron de Balainvilliers, de Blaire, le baron Favart de Langlade. Pouvait-on réunir dans un même faisceau plus de lumières, plus de science, plus d'impartialité!

Tout était-il fini? Une direction nouvelle fut alors imprimée à l'affaire : les biens de Lesurques avaient été confisqués, ce que n'autorisait point la législation sous l'empire de laquelle la condamnation avait été prononcée. La famille réclama les biens ou leur prix et, après une liquidation que peut-être on a eu le tort de prolonger, 491 000 francs ont été remis aux héritiers du condamné.

Vous savez qu'à compter de 1848 la famille Lesurques a de nouveau interpellé les pouvoirs publics et comment, sous la pression des Chambres, a été proposée une loi qui fait disparaître l'obstacle jusqu'alors apporté à la révision par la mort des condamnés. C'est la loi du 17 juin 1867, cette loi qui amène à la barre de la Cour de cassation la famille Lesurques.

Qu'il nous soit permis, avant d'en examiner la portée, de jeter un coup d'œil en arrière et de rappeler quel a été le sentiment de tous les hommes qui jusqu'à présent se sont occupés de l'affaire et qui auraient porté la responsabilité dé la solution qu'ils auraient ou conseillée ou mise en pratique.

C'est, sous la République, le conseil des Cinq-Cents, notamment Siméon et Treilhard ;

Sous l'Empire, M. Giraudet, les directeurs du service criminel à la chancellerie, M. Regnier de Massa, l'empereur Napoléon Ier ;

Sous la Restauration, le chancelier de France, M. de Serres, M. de Vatimesnil, M. Zangiacomi, les comités de législation et du contentieux du Conseil d'État ;

Sous le second Empire, M. de Parieu, et pour ne rien oublier, MM. Crouzeilhes et Stourm, rapporteurs au Sénat de pétitions écartées par l'ordre du jour.

Tous ont émis une opinion défavorable à la réhabilitation de Lesurques.

Je sais et ne veux point omettre qu'une opinion contraire a été proposée en 1822 par le chef du parquet de Versailles, M. Douet d'Arcq. Mais cette opinion était fondée sur ce que Lesurques avait prouvé son alibi, ce que personne n'oserait soutenir aujourd'hui.

La loi nouvelle réserve-t-elle à la famille Lesurques des destinées meilleures ? Doit-elle enfin, après tant de tribulations et d'échecs, sortir triomphante de la lutte ? C'est ce que nous devons examiner.

Qu'est-ce que la révision ? En quels cas est-elle admissible, et sous quelles conditions ? La famille Lesurques satisfait-elle aux prescriptions de la loi ?

Telle est la carrière à parcourir.

§ VI.

Un ancien a dit que la stabilité des États reposait essentiellement sur l'inviolabilité des choses jugées :

Status reipublicæ maxime judicatis rebus continetur.

(Cicéron, *Orat. pro Sylla.*)

C'est la tradition de tous les peuples civilisés.

Mais pourtant si, après une condamnation criminelle, et lorsque les voies ordinaires de réformation sont épuisées, on acquiert la certitude que le condamné était innocent, faudra-t-il, par respect pour la chose jugée, repousser inexorablement sa plainte ? L'esprit s'épouvante à l'idée d'une telle supposition. De là s'est formée l'opinion qu'en pareil cas il serait utile qu'un recours extraordinaire fût ouvert au malheureux et qu'il pût, en soumettant à de nouveaux juges l'examen du procès, écarter de lui jusqu'à l'ombre du soupçon.

Ce recours, c'est la révision. Ce qu'a été la révision sous le régime antérieur à 1789, et comment des dispositions établies pour corriger les erreurs de la justice sont devenues l'un des moyens les plus efficaces pour renverser ses œuvres les meilleures, ce serait une digression inutile. C'est le sort réservé aux institutions les plus utiles sous les gouvernements de bon plaisir, où la faveur décide de toutes choses, de tourner contre le but que s'est proposé leur auteur.

Je me borne à rappeler que la révision, quelque extension qu'on lui voulût donner, conservait d'ailleurs dans son application une apparence de légalité.

Avant 1789, l'homme accusé d'un crime était jugé sur des procédures écrites; sa condamnation avait pour base des preuves légales; elle émanait de juges permanents. Il était donc facile de retrouver entiers et vivants, pour ainsi dire, les éléments de la condamnation, et de constater par un nouvel et plus sérieux examen si elle était conforme à la justice.

Or, un tel système était-il compatible avec l'institution du jury?

Pouvait-on, quand, à la législation qui pendant tant de siècles avait enseveli dans les ténèbres et l'accusé, et l'instruction, et le jugement, on substituait un régime de publicité absolue, la liberté de la défense et tant d'autres garanties propres à prévenir l'erreur, pouvait-on conserver ce qui semblait n'être que le correctif d'institutions vicieuses ? Le législateur de 1789 posa comme l'une des bases fondamentales de l'organisation judiciaire que la déclaration du jury, quand elle était régulière, avait un caractère souverain et ne pouvait être attaquée ni par les condamnés, ni par le magistrat représentant de la société.

La loi du 29 septembre 1791 se bornait à autoriser les juges, lorsqu'ils étaient unanimement convaincus que les jurés s'étaient trompés au préjudice de l'accusé, à ordonner qu'ils se réuniraient à trois jurés adjoints pour donner une nouvelle déclaration.

Hors de là, nul recours d'aucun genre n'était autorisé ; disposition aussi sage que nécessaire.

Que deviendrait la société si, après les épreuves d'une longue et laborieuse instruction, après des débats où l'accusation et la défense se sont exercées en toute liberté, quand la contradiction des intérêts a soulevé les passions, il était permis, en accusant l'intelligence ou la probité des jurés, de renouveler ces âpres discussions ?

De quel discrédit ne serait pas frappée la justice !

Et puis sur quelles bases appuyer ces recours contre ces verdicts du jury ?

Tout est oral dans le débat.

Comment, après un mois, après un an, après deux ans, quand le jury a cessé d'exister au moment même où il accomplissait sa mission, comment savoir par quels motifs il s'est déterminé ? la loi ne lui demande pas compte des causes de sa conviction ; quelle déclaration a pesé sur sa conscience ? quel effet a produit sur son esprit la parole de l'accusation, celle de l'accusé, son ton, son accent, son attitude ; le ton, l'accent, l'attitude des témoins ? quelle place il a faite à la pitié ? quelle limite il lui a plu d'apporter aux sévérités de la loi ?

Ce qui fait la grandeur et la force du jugement par jurés, c'est l'omnipotence des jurés, omnipotence qui, tempérée par la raison et le sentiment réfléchi de la sécurité sociale, permet à la justice de s'accommoder à la diversité des situations et des intérêts, de tenir compte de l'âge, de l'intelligence, des antécédents des accusés, et, si l'équité le commande, à des faits d'apparence identique d'appliquer des solutions différentes.

Aussi dans la législation anglaise, où un rôle si considérable est attribué au jury, nul recours n'est admis sous prétexte d'erreur ; et quand il en a été commis, ce que ne peut prévenir la force du gouvernement, c'est par des actes de Parlement qu'on essaye de la réparer.

Mais il ne suffit pas d'écrire des textes de loi pour tarir dans leurs sources les faiblesses inséparables de l'humanité. La logique et la théorie ne peuvent rien contre les réalités de la nature. Et puisque les hommes n'ont aucun caractère certain pour distinguer le vrai du faux, une des premières sûretés qu'ils se doivent réciproquement, c'est de ne pas admettre sans une nécessité démontrée des condamnations absolument irréparables.

Dès la mise en pratique du Code criminel de 1791, de funestes exemples avaient montré le danger des règles inflexibles.

Un décret de la Convention du 15 mai 1793 disposa que :

« Si un accusé avait été condamné pour un

délit, et qu'un autre accusé eût été condamné comme auteur du même délit, en sorte que les deux condamnations ne se pussent concilier et fissent la preuve de l'innocence de l'une ou l'autre partie, l'exécution des deux jugements fût suspendue, quand même on aurait attaqué l'un ou l'autre sans succès au Tribunal de cassation. »

Les idées justes s'engendrent et s'enchaînent mutuellement. Dès qu'on avait admis que l'inconciliabilité des arrêts était une cause légitime de révision, comment en pouvait-il être autrement si l'accusé avait été condamné comme coupable d'homicide sur une personne dont ultérieurement l'existence était démontrée? Comment encore ne point admettre la révision si un arrêt souverain constatait que la conscience du jury avait pu être égarée par des faux témoignages produits contre l'accusé?

C'est sous l'influence de ces idées que, ranimant quelques parties de l'ordonnance de 1670, le législateur de 1808 écrivit dans le Code criminel des exceptions pour les trois cas que nous rappelons.

Mais il expliqua nettement qu'il ne voulait point aller au delà, qu'en toute autre circonstance l'autorité de la chose jugée prévaudrait, et c'est pour que sa volonté ne fût jamais méconnue qu'il en confia la garde à la Cour de cassation, c'est-à-dire à la juridiction où la loi seule a la parole.

Le Code d'instruction criminelle subordonnait la recevabilité du recours en révision à la condition impérieuse qu'en cas d'inconciliabilité d'arrêt, les condamnés seraient vivants au moment où l'action s'engageait. Le législateur réservait expressément au jury d'apprécier et de réformer les erreurs commises par le jury : chose impossible, si les condamnés étaient morts.

Vous savez quelle modification a été apportée par la loi du 9 juin 1867 à cette disposition, et comment aujourd'hui, même en cas de prédécès des condamnés, la révision peut être exercée s'il est prouvé que, pour le même fait, deux accusés, que ne rattachait entre eux aucun lien de complicité, ont été successivement condamnés.

Des esprits austères se sont alarmés de cette innovation.

Ce n'est pas en 1867 que s'est agitée pour la première fois la question de savoir s'il convenait de supprimer la restriction apportée à la révision par l'article 445 du Code d'instruction criminelle. Une proposition dans ce sens fut, en 1822, soumise à la Chambre des pairs. M. Portalis et M. de Broglie la combattirent vivement. Ils soutenaient que c'était compromettre gravement l'institution du jury.

Je n'examine pas ce qu'une telle opinion peut avoir de logique, et si, en effet, il ne résulte pas une atteinte à l'omnipotence du jury, quand à la procédure orale sur laquelle il a statué se substitue la procédure écrite. Les lois votées par le pouvoir législatif sont la conscience de la nation. Il faut les accepter et s'y soumettre sans arrière-pensée. Ce n'est pas, d'ailleurs, en cette enceinte que la critique pourrait se produire. La loi nouvelle se justifie par une raison que ne peut ébranler l'argumentation la plus solide : c'est qu'une mémoire sans tache est un bien dont la société doit, dans tous les cas, la restitution à celui qu'elle en a privé injustement ou à sa famille. La condamnation d'un innocent est un malheur public qui ne peut rester sans une expiation solennelle.

Je ne m'abuse pas, messieurs, sur l'inutilité de ces détails ; que puis-je apprendre à des magistrats qui font chaque jour une si judicieuse application de la loi sur la révision ? Mais c'est pour moi que je les rappelle. Je sens, en interrogeant les origines de la législation, grandir et se fortifier ma confiance dans la nécessité de la solution que j'ai l'intention de proposer.

Prenons maintenant la loi dans son texte, et déterminons-en la signification.

« Il y aura lieu à révision, porte l'article 443, § 2, lorsqu'après une condamnation pour crime ou délit, un nouvel arrêt ou jugement aura condamné pour le même fait un autre accusé ou prévenu, et que, les deux condamnations ne pouvant se concilier, leur contradiction sera la preuve de l'innocence de l'un ou de l'autre condamné. »

La condition essentielle imposée à l'exercice de la révision, c'est donc que les condamnations aient été prononcées pour le même fait, qu'elles ne se puissent pas concilier, que, placées en face l'une de l'autre, la contradiction éclate, et qu'indépendamment de tout examen, il soit démontré que l'un ou l'autre des condamnés a été frappé sans cause légitime. C'est à ce prix seulement que la chose jugée peut être suspendue dans son cours.

A quoi servirait au surplus de disserter longuement pour établir que tel est le sens de l'excep-

tion consacrée par la loi et qu'elle n'en peut recevoir d'autre?

Nous trouvons dans les arrêts de la Cour le plus
formel et le plus sûr des commentaires.

11 avril 1836, arrêt ainsi conçu :

« La Cour...,

« Attendu que l'arrêt de condamnation inter-
venu contre Louis Legros, dit Merlin, le 20 février
1834, et celui rendu contre Charles, dit Merlin, le
1er mars 1836, l'ont été pour un fait unique et indivisible, qui est d'avoir participé sous le nom de
Merlin à un vol commis un jour donné, à un lieu
et pour une somme déterminée et avec des circonstances posées uniformément par les déclarations
du jury respectives ;

« Attendu que les arrêts de renvoi et les actes
d'accusation n'articulent parmi les auteurs du vol
qu'un seul homme du nom de Merlin, avec les
désignations caractéristiques qui constituaient son
individualité, d'où il suit que, d'après les faits
posés par l'accusation, il y a impossibilité que
l'un des deux condamnés, Louis Legros, dit Merlin, et Claude Charles, dit Merlin, soit coupable
du fait dont il s'agit, sans que l'autre en soit innocent ;

« Attendu dès lors que les condamnations inter-
venues sont inconciliables,

« Casse et annule, etc. »

Même doctrine dans l'arrêt Lesnier, du 2 juin
1855, avec une nuance de fait qui lui donne plus
de précision et d'énergie :

« La Cour, vu, etc. :

« 1° Attendu que, postérieurement à l'arrêt qui

a condamné Lesnier, les sieurs Lespaga et Louis Daignaud ont été condamnés à vingt ans de travaux forcés pour faux témoignage contre Lesnier :

« 2° Attendu que, par l'arrêt du 2 juillet 1848, Lesnier fils a été condamné pour homicide volontaire commis sur la personne de Claude Gay, dans la nuit du 15 au 16 septembre 1847 ;

« Que, par autre arrêt du 16 mars 1855, Pierre Lespaga a été déclaré coupable d'avoir, dans la même nuit, volontairement porté des coups et fait des blessures à Claude Gay ;

« Que les deux condamnations reposent sur un fait identique ;

« Que, qualifié meurtre à l'égard d'un des accusés, et coups et blessures volontaires à l'égard de l'autre, il n'en constitue pas moins un seul et même fait ;

« Que les pièces de l'instruction et les actes d'accusation qui en ont été la suite établissent qu'aucune complicité n'a pu exister entre les deux condamnés : que, dès lors, la mort de Claude Gay ne peut être attribuée tout à la fois à Lesnier et à Lespaga ; que la culpabibilité de l'un est exclusive de la culpabilité de l'autre ; qu'ainsi des deux condamnations prononcées ressort la preuve de l'innocence de l'un des deux condamnés ;

« La Cour, vu, etc. »

Nous pourrions multiplier les citations ; nous en ajouterons une seule, celle de l'arrêt Marche, parce que le texte de cet arrêt, tel qu'il est rapporté dans le recueil où l'a puisé le défenseur de la famille Lesurques, est de nature à susciter une équivoque, tandis que sa rédaction officielle est la confirmation pure et simple de la jurisprudence.

« 11 janvier 1844. La Cour, vu, etc.

« Attendu que l'arrêt du 30 novembre 1842, condamnant Houllier et Hilse comme coupables du vol d'argent commis dans l'église de Salpervich, pendant la nuit du 16 au 17 août de la même année, à l'aide d'effraction, est inconciliable avec l'arrêt du 14 novembre 1843, qui déclare Macrez auteur du même vol, qu'il aurait commis avec effraction et escalade, sans que le jury ait été consulté sur la circonstance d'une perpétration commune et ait pu constater un lien de complicité entre ces condamnés pour un même crime, et que de ces deux arrêts résulterait la preuve de l'innocence de l'un ou des deux autres condamnés,

« Casse et annule, etc. »

Telle est donc la doctrine consacrée par les précédents de la Cour. Un crime unique, indivisible, un seul fait qui ne puisse, hors le cas de complicité déclarée, être l'œuvre des deux condamnés, et pour lequel cependant deux condamnations ont été prononcées : c'est sur ces bases que doit reposer l'exercice de la révision.

De là naissent deux conséquences également importantes. La première, que si dans la combinaison de deux arrêts, on trouve la possibilité de les maintenir l'un et l'autre, c'est le devoir du magistrat de conserver à chacun sa pleine autorité. (Arrêts des 21 ventôse an III, 23 octobre 1812.)

La seconde, c'est que si, pour établir l'inconciliabilité, une discussion est nécessaire, ce n'est

plus le texte ni l'esprit de la loi. Ce n'est plus cette
vérité qui, sortant d'elle-même de la comparaison
des deux arrêts, saisit pour ainsi dire le magistrat
à la gorge et ne lui permet point d'hésitation ;
c'est un procès qui s'instruit avec toutes les chan-
ces d'un procès. Aux raisonnements invoqués,
d'autres raisonnements peuvent être opposés. Or,
c'est à l'évidence seule que doit céder la chose
jugée.

Dans l'élégant et ferme langage qui lui est fami-
lier, le rapporteur de la loi au conseil d'Etat disait
que, pour accueillir la révision, il fallait un démenti donné à la sentence ou par la nature des
choses ou par une autre sentence, et qu'en dehors
de cet éclatant démenti, l'autorité de la chose jugée devait prévaloir comme la sanction nécessaire
de toute organisation judiciaire durable.

On ne peut mieux définir l'application de la loi.
Pour paralyser la chose jugée, il faut, sur toutes
choses, que, sans examen, sans discussion, au
simple toucher, si l'on peut ainsi parler, se manifeste l'impossibilité de concilier les deux condamnations, et ce n'est qu'après que la Cour de cassation en a ainsi décidé que, selon les cas et devant
la juridiction qui se rattache à l'espèce, le procès
se renouvelle, et que, dégagées de l'obstacle de la
chose jugée, les parties intéressées peuvent remettre en question ce qui a fait la matière d'un
premier examen. L'article 444 ne laisse sur ce
point aucun doute. D'abord la déclaration de
l'inconciliabilité : c'est le préliminaire indispensable ; ensuite la discussion du fond.

Il n'est sans doute pas besoin d'établir que la
loi de 1867, en instituant une faculté jusqu'alors

refusée à la famille du condamné, n'a rien innové aux dispositions destinées à régler l'exercice de la révision.

Ceci dit, nous pouvons marcher au but d'un pas rapide et sûr.

Le 18 thermidor an IV, les questions posées au jury étaient celles-ci :

« 1° A-t-il été commis un homicide sur la personne du courrier de la malle de Lyon et sur celle du postillon, dans la nuit du 8 au 9 floréal dernier, sur la route de Paris à Melun ?

« 2° Joseph Lesurques est-il convaincu d'avoir participé aux homicides commis ?

« 3° L'a-t-il fait volontairement ?

« 4° L'a-t-il fait par l'indispensable nécessité d'une légitime défense de soi-même ou d'autrui ?

« 5° L'a-t-il fait par suite d'une provocation violente ?

« 6° L'a-t-il fait avec préméditation ?

Aux 1re, 2e, 3e et 6e questions le jury répond affirmativement. Sur la quatrième et la cinquième, la réponse est négative.

Le 1er nivôse an IX, les questions sont les mêmes.

On demande également au jury :

« S'il est constant que, dans la nuit du 8 au 9 floréal an IV, il a été commis un homicide sur la personne du courrier de la malle de Lyon et sur celle du postillon ;

« Si Jean-Guillaume Dubosq est convaincu d'être auteur de ces homicides ;

« S'il est convaincu d'en avoir aidé et assisté

les auteurs, volontairement et avec préméditation.

« Le jury répond que le fait est constant ;

« Que Jean-Guillaume Dubosq n'est pas convaincu d'en être l'auteur ;

« Qu'il est convaincu d'avoir aidé et assisté les
auteurs de l'homicide, volontairement et avec préméditation. »

Or, de ces jugements superposés, surgit-il une
contradiction? La coexistence d'un assassin et d'un
complice de l'assassin est-elle inconciliable ? Est-il
possible d'affirmer que l'un et l'autre ne peuvent
être coupables à la fois? L'assassinat exclut-il la
complicité? La complicité exclut-elle la présence
de l'assassin ?

Si ces questions ne sont résolues affirmativement, il est clair qu'il ne peut s'agir de révision,
et cependant M. le conseiller rapporteur incline
vers cette solution ; il pense que la famille Lesurques doit obtenir la réhabilitation qu'elle poursuit.

Mais écoutez et jugez avec quelle force la logique et la vérité s'imposent à un esprit supérieur.
Il en subit l'ascendant à son insu, contre son gré.

« En ce qui concerne spécialement Lesurques
et Dubosq, est-il écrit dans le rapport, le premier
est condamné pour avoir participé aux deux as-
sassinats, le deuxième pour en avoir aidé et assisté
volontairement et avec préméditation les auteurs.

« Les deux déclarations ne se heurtent pas dans
tous les cas ; elles semblent indiquer deux modes
de culpabilité. L'un des accusés aurait pris une
part directe au crime ; l'autre n'aurait que prêté
son assistance à l'exécution ; l'un aurait agi, l'autre

aidé dans l'action. Les deux jugements ne se contrediraient pas expressément dans leurs textes.

« Si l'une des conditions de la révision est que les qualifications des deux jugements soient identiques (le même fait), il est clair que nous devons nous arrêter devant la diversité que nous signalons et déclarer que ces deux actes ne sont pas inconciliables. »

Que dire de plus et de mieux pour exclure la révision? Et comment décliner les conséquences d'un argument aussi précis?

M. le rapporteur oppose, en droit, que ce n'est pas à la formule du jugement qu'il faut arrêter son attention.

Je ne veux pas traduire son raisonnement, je le copie.

« Il faut, dit-il, pour apprécier le verdict du 1er nivôse an IX, se reporter à l'époque où il a été rendu. A ces premiers temps de la mise en action du jury, on n'apportait pas toute la précision et la rigoureuse exactitude que la législation et surtout la jurisprudence de la Cour de cassation ont depuis exigées. On en trouve une première preuve dans le jugement même qui condamne Lesurques. Il est condamné pour quelle faute? pour avoir participé aux deux crimes. Or, qu'est-ce que la participation à un crime? Est-ce qu'on ne peut pas y participer par les actes les plus divers? Est-ce que cette expression vague était un équivalent du terme employé par l'article 7, titre II, du Code du 25 septembre 1791, qui ne punit que tout homicide commis volontairement?

« Ce que l'on peut remarquer, ajoute-t-il, c'est

que la participation au crime imputée à Lesurques, et l'aide et l'assistance à ce même crime imputées à Dubosq, sont deux actes qui, s'ils ne sont pas identiques, sont bien près l'un de l'autre. Ce que l'on doit remarquer encore, c'est que la déclaration relative à la complicité par aide et assistance n'a point été restreinte aux préparatifs du crime, et qu'elle s'étend aux actes qui en ont consommé l'exécution. »

Je me demande, et non sans regret, s'il y a l'ombre d'un prétexte à cette argumentation.

Aux termes des lois de 1791 et de brumaire an IV, la première question posée par le président doit tendre essentiellement à savoir si le fait qui forme l'objet de l'accusation est constant ou non; la seconde, si l'accusé est ou non convaincu de l'avoir commis ou d'y avoir coopéré. Puis les questions qui, sur le caractère du fait ou le plus ou moins de gravité du délit, résultent de l'acte d'accusation, de la défense de l'accusé ou du débat.

Or, les questions posées au jury de l'an IV ne sont-elles pas conformes à cette formule ? Est-il proposable qu'en déclarant Lesurques convaincu d'avoir participé à l'assassinat, il n'ait fait qu'une réponse vague et sujette à interprétation ?

Examinons. Un homicide n'est pas nécessairement un crime. S'il a été commis involontairement, s'il a été imposé par la nécessité de défendre sa vie ou la vie d'autrui, s'il a été le résultat d'une provocation violente de la part de l'homme qui a péri, ce peut être une action fâcheuse, ce n'est pas un crime. Or, qu'a-t-on, au sujet de l'homicide du courrier de la malle et du postillon, demandé au jury, et qu'a-t-il répondu?

Nous venons de le voir, on lui a demandé si l'homicide avait été commis volontairement.

S'il avait été déterminé par l'indispensable nécessité d'une légitime défense de soi-même et d'autrui ;

S'il avait été le résultat d'une provocation violente ;

S'il avait été commis avec préméditation.

Le jury, à la 1re et à la 4e question, a fait une réponse affirmative, une réponse négative à la 2e et à la 3e.

Et il ne résulte pas clairement, nécessairement, de ces réponses ainsi formulées que Lesurques est déclaré coupable d'avoir pris une part directe et matérielle à l'assassinat du courrier et du postillon ! Ce n'est pas lui, sans doute, qui seul a percé de coups de poignard le courrier et le postillon, qui a détaché la tête du premier, coupé la main du second ; mais il a concouru à cette abominable action, et c'est ce que le jury a déclaré avec autant de précision qu'il se pouvait faire.

Il n'y a pas plus d'incertitude sur la signification des réponses qui concernent Dubosq. Il saute aux yeux qu'en le déclarant coupable d'avoir aidé et assisté les auteurs du massacre, le jury n'a pas entendu que sa complicité avait entraîné la consommation même du crime ; car, à la question de savoir s'il avait commis le crime, il avait répondu non.

Il n'y a point à équivoquer. L'œuvre des jurés de l'an IV et de l'an IX porte en elle-même sa démonstration, elle est claire, elle est précise. Le-

surques est un assassin, Dubosq est complice de
l'assassinat, la part de chacun est faite et ne peut
être confondue.

Aussi, obéissant involontairement à l'instinct
de sa science, M. le rapporteur détruit de sa pro-
pre main le frêle édifice qu'il a tenté d'élever.

Écoutez et jugez :

« Mais peut-être les faits ont changé de face aux
débats. Peut-être les actes d'exécution imputés à
Dubosq se sont effacés, et les actes préparatoires
ont seuls été prouvés. Qui sait si l'acte d'accusation qui relevait contre Dubosq les mêmes charges
qui avaient pesé sur Lesurques et qui lui imputait
identiquement les mêmes faits n'a pas fléchi à l'audience? Est-il certain que le jury, pour répondre
à la défense de Dubosq, qui soutenait que la condamnation de Lesurques dût le faire acquitter,
n'ait pas essayé de faire la part de l'un et de
l'autre et de mettre d'accord les deux verdicts?
Savons-nous s'il n'a pas trouvé de nouvelles lumières dans le débat oral, ou s'il n'a pas voulu
enfin concilier des témoignages contradictoires
qui devaient embarrasser sa décision ? »

Et pourquoi, en fouillant dans ce passé dont
l'obscurité ne peut être dissipée, aujourd'hui que
tous les acteurs du drame ont disparu, pourquoi
refuser à des décisions souveraines l'autorité que
la loi leur confère?

Ainsi, croyons-nous sincèrement, tombe et s'é-
croule une argumentation qu'a pu susciter un
mouvement d'humanité respectable, mais qui n'a
rien de juridique, rien qui s'accommode aux exi-
gences du droit.

Mais ne peut-il surgir des documents du dossier criminel une solution plus favorable à la famille Lesurques?

M. le rapporteur a rassemblé tous les faits, tous les actes, toutes les circonstances qu'il a jugés propres à établir l'innocence de Lesurques et la culpabilité de Dubosq; il les a rapprochés, groupés, interprétés avec autant de soin que d'habileté, et en se fondant sur les déclarations de Couriol, de Durochat et Béroldy, qu'il a considérées comme un critérium de vérité, il a conclu que Lesurques était innocent, et de l'innocence il a conclu à la réhabilitation.

Que je voudrais, messieurs, qu'il me fût permis de suivre M. le rapporteur dans la voie qu'il s'est ouverte, et de souscrire aux conséquences dont il a demandé la consécration! Mais pouvons-nous oublier qu'avant de renouveler la discussion que les jugements de l'an IV et de l'an IX ont terminée, il faut de toute nécessité que ces jugements aient été déclarés inconciliables? Tant qu'ils subsisteront, ils seront l'image de la vérité légale, et on n'en peut contester le principe avant de les avoir anéantis.

Or, n'est-il pas démontré mathématiquement que l'inconciliabilité prétendue, cause et condition de la révision, est une chimère, et conséquemment que les décisions conservent leur autorité?

Autrement il ne serait pas si difficile qu'on semble le croire de repousser les objections tirées du nombre des assassins, de la ressemblance de Lesurques avec Dubosq, et surtout de déclarations qui sont loin de mériter la faveur dont on les entoure.

Il y a une idée que le monde accepte avec ardeur, et qu'il ne souffre pas qu'on discute, c'est que si de l'ensemble des faits il résulte qu'en réalité Lesurques était innocent du crime pour lequel il a été condamné et qu'il a payé de sa vie sa fatale ressemblance avec un assassin, il y a lieu, quelle que soit la forme des jugements rendus en l'an IV et en l'an IX, de réhabiliter sa mémoire, le fond devant, en cas pareil, l'emporter sur la forme. C'est en vue de l'affaire de Lesurques que la loi de 1867 a été proposée et votée. Il ne peut être permis de la rendre stérile par des scrupules d'interprétation.

Ce langage est imposé par le plus noble et le plus respectable des sentiments. Oui, il est naturel que, dans un élan de sympathie vers le malheur, des cœurs honnêtes veuillent en voir disparaître la cause, et qu'ils s'irritent de trouver un obstacle dans la loi même dont ils s'étaient fait un palladium.

Mais la Cour de cassation ne peut s'associer à ces mouvements d'une générosité irréfléchie. Constituée gardienne des lois, elle en doit maintenir la stricte application. C'est de l'accomplissement assidu de ce devoir qu'elle tire son honneur et sa force. Qu'arriverait-il si, cédant à l'entraînement de la pitié, elle poussait au delà de ses limites l'exécution de la loi de 1867 ; si, chargée de réprimer l'arbitraire, elle en donnait l'exemple? Ne sait-on pas que toutes les mauvaises traditions ont eu de bons commencements? *Omnia mala exempla ex bonis initiis orta.*

Quand on entre dans une fausse voie, il est difficile de s'arrêter. Pour la Cour de cassation, il n'y a jamais qu'une question : La loi est-elle applicable ou ne l'est-elle pas? Dans ce dilemme est la règle de sa conduite.

Nous répéterons ce que déjà nous avons dit, que lorsque le législateur, organisant la révision pour le cas où les condamnés avaient cessé de vivre, confiait exclusivement à la Cour de cassation le soin de prononcer, c'est qu'il comprenait qu'il n'y avait pas de moyen plus sûr d'éviter les interprétations abusives et d'empêcher le retour des scandales qui avaient marqué la jurisprudence antérieure à 1789; c'est qu'il comprenait que la juridiction où la loi règne sans partage contiendrait dans les bornes qu'il avait tracées les exceptions apportées à la souveraineté du jury. Il ne faut pas se lasser de répéter que la révision, si favorable qu'elle soit quand on l'enferme dans les cas prévus par la loi, est une dérogation à un principe fondamental du droit public.

Une réflexion tirée des entrailles de la loi criminelle servira à mettre en lumière la justesse de la règle et la nécessité de s'y montrer fidèle. Quand le législateur a institué le jury et lui a remis le jugement des affaires qui touchent à l'honneur, à la liberté, à la vie des citoyens, il a espéré sans doute qu'à l'aide des garanties dont il avait entouré la défense des accusés, les erreurs signalées dans l'application des lois antérieures seraient prévenues ; mais il n'en avait pas la conviction. Il savait trop que les jugements des hommes sont incertains et sujets à l'erreur, et cependant il n'a réservé que trois cas de révision, parce que dans chacun de ces cas il y a évidence complète que la justice du jury s'est égarée et que la condamnation est sans cause. Hors de là, la chose jugée, quelle qu'elle soit, demeure inviolable. Est-ce par indifférence, par inhumanité, qu'il a créé ces distinctions? non, vraiment; c'est qu'avec un système différent, l'autorité du jury, tous les jours attaquée, sur le motif que tous les jours les décisions sont entachées d'erreurs, serait infailliblement ruinée dans l'opinion publique. Il n'y a pas d'institution qui puisse résister à des assauts sans cesse répétés. — C'est qu'avec un système différent, il n'y aurait plus de sécurité dans la société; que l'état des citoyens, leur fortune, leur honneur, seraient incessamment livrés au hasard de l'interprétation et de l'arbitraire. Toutes les situations seraient facilement troublées. Quand l'ancre qui retient le navire est brisée, le navire est bien vite à la merci des flots.

Quand le jury, hors des cas spécialement affectés à la révision, commet des erreurs, il n'y a qu'un recours, tout insuffisant qu'il soit, c'est la grâce. Le souverain, en ce cas, vient comme la Providence se placer entre la peine et le condamné, et, par l'exercice de son droit constitutionnel, rétablir, autant qu'il est en lui, la justice un instant fourvoyée.

C'est ce qui est arrivé, il y a trente ans environ. Un domestique accusé d'assassinat avait été traduit en justice et condamné à mort. Par le plus étrange des événements, il avait en main la preuve manifeste de son innocence. Il la produisit le jour même de sa condamnation. Dans les données du procès actuel, c'était ou jamais le cas de la révision. On n'y songea pas, on reconnut que ce n'était pas un de ces privilégiés de l'article 443 du Code d'instruction criminelle. Il fut gracié : et c'était en effet tout ce qu'il pouvait obtenir de plus favorable.

Voilà comment, par le mécanisme intelligent des institutions et des pouvoirs, s'adoucissent les maux qui n'ont d'autre cause que les infirmités de l'esprit humain. Sacrifier à leur réparation l'organisatiou judiciaire du pays et les institutions sur lesquelles repose le bien-être de la société, serait sacrifier à l'intérêt privé l'intérét public; ce serait un mal sans remède.

Je termine cette trop longue discussion.

Notre législation ne poursuit pas les morts au delà du tombeau pour raison de leur crime ; et, jusqu'en 1867, elle ne permettait pas de les évoquer sous prétexte de démontrer leur innocence lorsqu'il n'était plus en leur pouvoir de la prouver. On avait pensé qu'appelés devant une autre justice, ils n'avaient plus rien à démêler avec la justice humaine.

Le législateur nouveau ne s'est point arrêté devant l'obstacle. Par un sentiment de bienveillance et d'humanité, il a ouvert aux familles la voie que jusqu'alors elles avaient trouvée fermée. Mais le bienfait n'est pas accordé sans condition, et la chose jugée livrée sans protection à de vaines controverses. La loi, dans son impartialité, garantit tous les intérêts. Réveiller témérairement des luttes dont les éléments se perdent dans les ténèbres du passé, c'est s'exposer à raviver sans profit les cruelles blessures que le temps n'a pu cicatriser. La résignation, en ce cas, est le parti le plus sage. C'est à l'opinion publique qu'il faut laisser le soin de rétablir la mémoire de ceux qui ne peuvent plus être justifiés autrement. Une expérience con-

solante ne nous a-t-elle pas appris que cette réhabilitation est obtenue dès que la justice de la condamnation devient douteuse ?

Par ces motifs, nous estimons que la demande
en réhabilitation formée par Virginie Lesurques
doit être déclarée non recevable.

*Sur ces conclusions, la Cour a rendu, le 17
décembre 1868, l'arrêt suivant :*

« La Cour,

« Ouï, aux audiences publiques des 3, 4, 5 et 11 décembre,
M. le conseiller Faustin-Hélie en son rapport, Mᵉ Bozérian
et Mᵉ Housset en leur observations, et M. le procureur général Delangle en ses conclusions ;

« Vidant le délibéré par elle ordonné en chambre du conseil ;

« Vu la requête signée de Mᵉ Bozérian, avocat à la Cour,
présentée au ministre de la justice dans le délai prescrit par
l'article 2 de la loi du 29 juin 1867, par laquelle Virginie
Lesurques demande qu'il soit procédé à la révision de la condamnation à mort prononcée contre Joseph Lesurques, son
père, le 18 thermidor an IV, par le Tribunal criminel de la
Seine, pour le double assassinat du courrier et du postillon
de la malle de Lyon, commis sur la route de Melun, et pour
le vol qui l'a suivi, en fondant cette demande sur l'inconciliabilité qui existerait entre cette condamnation et celle qui
a été prononcée le 1ᵉʳ nivôse an IX, par le Tribunal criminel
de Seine-et-Oise, contre Guillaume Dubosq, à raison du même
crime ;

« Vu la lettre du ministre de la justice, à la date du
26 mars dernier, qui charge le procureur général de saisir
la Cour de cette demande ;

« Vu les réquisitions prises le 21 avril suivant par ce magistrat ;

« Vu les articles 443 et 444 du Code d'instruction criminelle modifiés par la loi du 29 juin 1867 ;

« Attendu que le principe d'autorité qui s'attache à la chose souverainement jugée, confirmé par les articles 1350 et 1351 du Code Napoléon, s'oppose à ce qu'on remette en question devant la justice ce qui a été jugé par elle définitivement ;

« Que le nouvel article 443 n'admet d'exception à cette règle, en matière criminelle, et ne permet de réviser les condamnations définitives que dans l'un de ces trois cas : lorsque, après une condamnation pour homicide, la prétendue victime reparaît ; lorsqu'après une condamnation pour crime ou délit, un des témoins entendus a été condamné pour faux témoignage contre l'inculpé, conditions qui sont étrangères à la demande actuelle ; et enfin dans le cas invoqué par la demanderesse, que cet article formule dans les termes suivants : « Lorsque, après une condamnation pour crime ou délit, un « nouvel arrêt ou jugement aura condamné pour le même « fait un autre accusé ou prévenu, et que, les deux con- « damnations ne pouvant se concilier, leur contradiction sera « la preuve de l'innocence de l'un ou de l'autre con- « damné ; »

« Qu'il est établi par cette disposition que le droit exceptionnel de révision qu'elle consacre n'est ouvert qu'autant que la Cour reconnaît préalablement et déclare que la condamnation qui lui est déférée se trouve en contradiction non pas avec des dépositions de témoins, des déclarations de coaccusés, ou d'autres documents du procès, mais essentiellement avec une autre condamnation portant sur le même fait et qui soit inconciliable avec elle ;

« Que la demanderesse fait ressortir la contradiction qu'elle invoque de ce que, selon elle, le crime aurait été commis par cinq personnes seulement, dont l'une avait pris place dans la malle-poste au départ, et les quatre autres étaient venues attendre l'approche de la malle aux villages de Mongeron et de Lieursaint, voisins du lieu où le crime allait se commettre, et étaient retournées ensemble à Paris après son exécution ; qu'au nombre de ces individus était un homme de trente-deux ans, à chevelure blonde et au teint blême ; que cet homme était Dubosq, mais que sa ressemblance avec Joseph·Lesurques avait fait prendre, durant la première instruction, ce dernier pour Dubosq, et avait amené sa condamnation ;

« Que, plus tard, Dubosq a été arrêté et condamné pour le même crime à la peine capitale ;

« Que cependant un seul, de Dubosq et de Lesurques, avait été vu à Mongeron et à Lieursaint ; qu'un seul avait pu, par suite, être présent au crime et concourir à sa consommation, d'où résultait que les deux condamnations qui les avaient frappés l'un et l'autre étaient inconciliables ;

« Mais attendu d'abord qu'aucun témoin, n'ayant vu commettre le crime, n'a pu déterminer avec certitude le nombre des personnes qui avaient coopéré à sa perpétration ; qu'il se pourrait qu'après le départ de Mongeron et de Lieursaint des quatre individus qui y avaient été remarqués, d'autres se fussent joints à eux, eussent concouru au double assassinat et se fussent séparés après ;

« Que, d'autre part, même en supposant, avec la requête, qu'un seul, de Dubosq et de Lesurques, eût pu se trouver sur le lieu du crime et avoir participé à son exécution, il ne pourrait y avoir contradiction entre les deux condamnations qu'autant que Lesurques et Dubosq auraient tous deux été déclarés coupables d'avoir concouru à sa consommation ;

« Attendu, en ce qui concerne Lesurques, que le jury de l'an IV a déclaré que le double assassinat et le vol étaient constants, et que Lesurques était convaincu d'avoir, sans provocation et hors le cas de légitime défense, participé à cette action ; ce qui constatait suffisamment sa présence sur le lieu où elle se passait, et que Lesurques fut condamné à la peine de mort, comme auteur, par application des articles 11 et 14, titre II, section 2, de la loi de 1791, qui punissent les auteurs d'un assassinat ;

« Mais attendu, à l'égard de Dubosq, qu'il se défendait, lorsqu'il fut jugé an l'an IX, en soutenant que, dès que Lesurques avait été condamné, on ne pouvait prononcer contre lui-même aucune autre condamnation pour le même fait ;

« Attendu, en outre, que sur sept témoins qui avaient, en l'an IV, reconnu Lesurques pour être l'homme à chevelure blonde et au teint blême qu'ils avaient vu à Mongeron et à Lieursaint avant le double assassinat, et qui furent rappelés à l'audience et confrontés avec Dubosq, six persistèrent à déclarer que l'homme à chevelure blonde était Lesurques et non Dubosq ; que l'autre témoin, la femme Alfroy, revint seule sur sa première déposition, et affirma qu'elle s'était trompée primitivement et que maintenant elle reconnaissait parfaitement Dubosq, pour être l'individu dont il s'agissait ; que cette dernière déposition était appuyée par des déclarations dans le même sens, qu'avaient faites plusieurs des accusés ; que, de plus, Dubosq était désigné comme un des quatre individus qui avaient pris à Paris, dans l'écurie de Bernard, les chevaux à l'aide desquels le crime devait se commettre, et comme étant un de ceux qui avaient pris part au partage des effets volés ;

« Qu'en présence de ce débat, le jury, appelé à choisir entre Dubosq et Lesurques, déclara que Dubosq n'était pas l'un des auteurs du crime, mais sur des questions subsidiaires de complicité, le jury le déclara convaincu d'avoir aidé ou assisté ces auteurs volontairement et avec préméditation ;

« Attendu que, si les éléments constitutifs de cette aide et assistance ne sont énoncés ni dans les questions posées ni dans les réponses, il y est suppléé par le texte de la disposition répressive qui a été appliquée, l'article 1er du titre III de la loi du 25 septembre-6 octobre 1791, qui a servi de base à la condamnation et auquel se référaient virtuellement les questions et les réponses, article transcrit dans le jugement de condamnation et qui est ainsi conçu : « Lorsqu'un « crime a été commis, quiconque sera convaincu d'avoir « sciemment et dans le dessein du crime, aidé ou assisté le « coupable ou les coupables, soit dans les faits qui ont pré- « paré ou facilité son exécution, soit dans l'acte même qui « l'a consommé, sera puni de la peine prononcée par la loi « contre les auteurs du crime ; »

« Attendu qu'en répondant affirmativement à ces questions, implicitement alternatives, le jury, qui venait de déclarer que Dubosq n'avait pas pris part comme auteur à l'exécution du crime, n'affirme nullement que l'assistance de celui-ci ait été prêtée sur le lieu même du crime et dans les faits qui l'ont consommé ; que cette réponse permet au contraire d'admettre que c'est dans les faits qui ont préparé le double assassinat et le vol que Dubosq a prêté son assistance ;

« Attendu que, surtout quand il s'agit, comme dans l'espèce, d'un crime commis en bande, prémédité longtemps à l'avance, loin du lieu de l'exécution, et qui exigeait de nombreux préparatifs, une pareille assistance peut se produire sous différentes formes, en divers lieux et temps ; que chaque acte d'une complicité de ce genre, s'il y en a plusieurs, peut se former de circonstances différentes ; que cette complicité n'implique donc pas nécessairement la présence de Dubosq à Mongeron, dans la soirée du crime, ni au lieu de l'exécution ; qu'ainsi, les deux condamnations ne sont, même au point de vue de la requête, ni contradictoires, ni inconciliables ;

« Attendu enfin que si, quand la justice est appelée à statuer sur le sort d'un accusé, l'innocence de celui-ci doit être présumée jusqu'à preuve contraire, et si le doute doit être interprété en sa faveur, ce principe reste sans application possible lorsque l'accusé a été condamné par une décision passée en force de chose jugée et que le procès se fait, non plus à l'accusé, mais à l'arrêt de condamnation ;

« Que c'est alors la décision de la justice qui est protégée par la présomption légale, présomption qui ne peut tomber que devant une preuve administrée avec l'accomplissement des conditions exigées par la loi ;

« Et attendu qu'aux termes de l'article 443, la demande en révision ne peut être reçue que quand il est établi que les deux condamnations sont inconciliables ;

« Que cette condition n'existe pas dans la cause ;

« Qu'il n'y a donc pas lieu d'entrer dans l'examen de la question du fond,

« Déclare la demande en révision non recevable. »

IMPRIMERIE GÉNÉRALE DE CH. LAHURE
Rue de Fleurus, 9, à Paris.

www.ingramcontent.com/pod-product-compliance
Lightning Source LLC
Chambersburg PA
CBHW061253060726
47596CB00002B/584